教育学のすすめ

星槎大学教授・千葉大学名誉教授
水内宏
MIZUUCHI Hiroshi

まえがき

★教育学のわかりやすい入門書を書き、学生・大学院生、一般市民や各界の皆さんに教育学の面白さを味わってもらいたいと思い、本書を書き上げました。大学や勉強会等でのテキストとして、あるいは教養書として、広く活用されることを願っています。

教育学は、理論として自己完結する努力を続けるとともに、もっと市民化・大衆化される必要があります。本書をもとに、生活拠点や各方面での活発な教育論議や対話の高まりを期待しています。

★対話の素材としての役割を期待するがゆえに、断定的な「である」調を避け、「です、ます」表記に徹しました（ただし、1991年執筆の第8章「補論・生きることとからだ」を除く）。分かりやすさと柔らかさを志向したとはいえ、理論水準を下げるようなことはしなかったつもりです。学術論文形式の引用や注（註）は最小限にとどめましたが、関係論文等も自分なりに咀嚼《そしゃく》し、消化して自らの言葉で表現することに努めました。

★本書は、千葉県教育文化研究センターの編集・発行による季刊『ちば・教育と文化』誌（現在は年2回刊）からの依頼に端を発した連載に拠っています。研究センター（個人会員制）は、臨時教育審議会（臨教審、1984～1987年に4回の答申。会長は当時の中曽根康弘首相）による国家主導型の「教育改革」の動きの中で、市民・国民レベルからの教育改革が必要だということで1984年に創設され、季刊の研究誌・教育と文化の総合誌『ちば・教育と文化』を刊行します。水内は、「これからは千葉地方区の仕事に埋没する」と宣言して、創刊から10年間、「千葉と日本と世界を串刺しにして捉えるような社会認識を」の念を胸に編集長として全力投球をしました。本書全13章は任期を全うしたのちのそのささやかな成果の一部です。

★本書は、全13章とも、一話完結です。どの章から読んでもいいような構成にしています。

★水内は、公立都留文科大学に専任講師として着任以来、千葉大学、聖母大学（看護学部で養護教諭養成などに関与）を経て、通信制のユニークな大学として知られる星槎大学（近況報告を兼ねた本書第11章をぜひご覧ください）で教育と研究をつづけています。2018年は、大学教員生活50年の節目に当たります。本書の上梓を機に、気分も新たに更なる飛躍をめざしたいと思っています。

★本書の出版にあたっては、共編著『教職用語辞典』(原聡介代表)に引き続いて一藝社の菊池公男社長、小野道子常務をはじめ皆さんに大変お世話になりました。とりわけ、編集・企画担当の川田直美さんには、適切なアドバイス、迅速・的確な編集作業を賜りました。お世話になりました皆様に厚くお礼申し上げます。

2017年8月6日(広島原爆投下の日に)

星槎大学教授・千葉大学名誉教授

水内　宏

教育学のすすめ

もくじ

第1章　〝子ども学〟としての教育学

教育学は〝子どもの最善の利益〟に資する学問

教育学は子どものための学問です。子どもにかかわるすべての事柄を扱う学問でありま す。子どもの権利条約の言葉を借りて〝子どもの最善の利益〟のための科学だ、といってもいいでしょう。

近年の大学再編の動きを見ていると、「○○学部子ども学科」など〝子ども（学）〟に関する学科や専攻を目にします。

千葉県内にも、国際学部国際学科に「地域子ども教育」の専攻（専修）部門を新設した大学があります。ひところの〝生涯教育〟や〝生涯学習〟部門の設置ブームが一段落して原点に戻った感がありますが、今後の展開を見守りたいと思います。

〝子ども〟に関する学問という原点に回帰しつつあるということは、子どもをめぐる問題が深刻さを増し、解決すべき課題がより緊急性を帯びてきたということかもしれません。

子ども論議の盛んな時は社会の危機期―子ども社会は大人社会の縮図―

教育基本法の改訂が２００６年に強行されました。でも、当初、文部科学省や地方教育行政の多くは改訂に必ずしも積極的ではありませんでした。

大戦から半世紀以上となり、国民の中にそれなりに根をおろした教育の根本法規をいじくることで、「寝た子を起こす」ごとき混乱の発生を望まない雰囲気がありました。

改訂の基本方向を審議中の中央教育審議会に文科省が提出した資料の最後に、先進主要国の青少年非行関係のデータを載せ、「凶悪犯罪」に分類される凶行では日本が最少であることを示し、暗に改訂不要をにおわせています。

もちろん、こんなささやかな〝抵抗〟は、参院選挙前に「教育改革」で得点のほしい政治的意向に圧倒され、一顧だにされませんでした。マスコミは、青少年の問題行動の凶悪事例を連日とりあげていました。

考えてみれば、改訂は、青少年にあらわれた危機的状況を口実に、日本社会と教育をいっそう危険な事態に陥れかねないことでもありました。

問題行動を、他の社会的連関から切り離してそれだけを見れば、きわめて深刻です。深刻さをいささかも過小評価しないことと同時に、問題行動の背後に潜む社会の深層からの危機を正視することの大切さを痛感します。

子どもを社会のなかの子どもとしてとらえること、子どもたちにあらわれた問題を社会・国民の課題とつなげてとらえること―このことの重要性を説明する時、私はいじめをしばしば例に出してきました。

執拗・深刻ないじめを見ていてつくづく思うことは、子どもの世界というのは大人社会の縮図だということです。

子ども社会のうしろに、年寄り・低所得者・若者—そして当の子どもたち—さらには障碍をもった人たちなどへの、これでもかこれでもかと言わんばかりの不安かりたて、人間的生存への展望の切捨てといじめが二重写しで見えてきませんか。

前面の危機のみならず、そのさらに後背を覆う危機の根深さとひろがり見えてきます。

弱い者いじめを厳しくとがめ、人間的尊厳をつらぬく大人社会みずからの骨太の活動を子どもたちにも見える形で展開することが、子ども社会に正義をうち立てる力になるのではないでしょうか。

危機下でふくらむ子どもへの期待―子ども観の変革に始まる教育学の新たな展開―

政治・経済の危機、精神的・道徳的危機時に、なぜ子どもへの社会的関心の高まりが顕著になるのでしょうか。それは、次世代を担う子ども世代の可能性に危機打開を託すしかなかったからだとされてきました。

そのとおりだと思います。託したいのに、子どもたちのおかれている現状、認識や行動のひとつひとつなどが、「託すには頼りない」「これでいいのか」との思いから、子ども議論が沸騰しているのが今の日本かもしれません。

歴史を少しさかのぼってみましょう。

近代教育学の開拓者のひとり、**コメニウスJ.A.**（1592～1670）の場合は、１６１８年に始まる30年戦争によって、人心まで含めて荒廃しきった祖国ボヘミアの復興を子どもに託すべく「男女両性の全青少年が、ひとりも無視されることなく、学問を教えられ、徳行を磨かれ」るべきこと、「あらゆる事柄を　僅かな労力で　愉快に　着実に　教わることのできる学校を創設する」こと、「あらゆる人に　あらゆる事柄を教授する・普遍的な技法を提示する」ことに心血を注ぎました（鈴木秀勇訳著『大教授学』明治図書、２００２年ほか）。

ここでいう「あらゆる人」「あらゆる事柄」などの「あらゆる」は、「男女両性の全青少年が、ひとりも無視されることなく」にいう権利の無差別平等性の思想そのもので、極めて重い意味を持ちます。

スイスの教育者**ペスタロッチーJ.H.**（1746～1827）は貧窮農民の子弟や孤児の教育実践を模索し、かつ、それと不可分の関係において貧民救済・社会改革の道の探究に心を砕きました。

そのペスタロッチーにつよく影響を与え、フランス革命（１７８９年）を思想的に準備した最も有力な人物の一人でもある**ルソーJ.J.**（1712～1778）は、中世＝封建期の子どもとは異なる「（新しい）子どもの発見」者として知られます。

現代にかぎらず、子どもの話題で世間が沸騰する時は大人社会の危機で、危機ゆえに新しい世代の担い手である子どもが注目されるのではないかという投げかけだけをして、次に進みましょう。

新しい子ども像は現代に根づいたか？

さて、新しい子どもの発見、子ども像の転換とは何でしょうか？きわめて簡潔に言えば、

A子供＝粗野、野蛮、（大人よりも）低い劣った存在、大人の意思で（その生命まで含めて）どう扱われてもいい存在。

B子ども＝大人の占有・私有・従属物ではない存在、権利をもった存在、人間的諸権利の行使を通して人格形成の途上を生きる主体的存在、（未熟さゆえに）大人世代によって保護され愛される存在。

とでも対比することができましょうか（ここでは「子供」と「子ども」を一応使い分けておきます）。

Aは大人の側からしか子どもを見ていませんが、**B**には、子どもの側に立って見るという〝見地の転換〟があります。見地を変えて子どもサイドから見ると、例えば子どもがどろんこになって遊びまわることは、**A**では粗野・野蛮・劣悪ゆえに子どもはそんなおろかなことをする、となるのでしょうが、**B**ではどろんこで遊ぶことで〝発達する権利〟を行使しているととらえられます。そもそも**A**には遊びを子どもの権利と見る発想はありま

せんが、**B**には遊びの権利をはじめとして、子どもが大人とは異なる子ども固有の生活や世界をもつ権利を尊重する姿勢があります。ルソーは『エミール』（岩波文庫ほか）などで**A**↓**B**の転換を鮮やかに見せてくれました。

とともに、ルソーには、新しい時代・新しい子ども観の始まったばかりの過度期ゆえなのか、多分に彼自身の人格性に固有の問題なのか、いずれとも断定できない解釈の分かれる問題があります。

ルソーは、1746年から10年以内の間に、5人の子をもうけてはつぎつぎに捨てていきます。

フランス文学者の**平岡昇**（1904～1985）氏によれば、「当時貧しい民衆のあいだでは、捨て子は貴族が子供を中学や修道院に送るのと同じくらい便宜的な日常茶飯事と化していた」といわれ、「1745年から72年までのパリの新生児の3分の1から5分の3が養育院に送られていた」とのことです（世界の名著No. 30『ルソー』中央公論社、平岡氏解説）。

1762年刊の『エミール』がこの子捨て事件への罪ほろぼしのつもりなのかどうか、今日でも解釈は分かれます。

音楽の才にも秀でていたルソー作のオペラ『村のうらない師』（1752年）の一節が「むすんでひらいて」の曲として各国の幼児に愛されていることなども思うと、政治思想・社会思想の革命性とともにルソーへの興味は尽きません。

ところで、ルソー没後二百数十年、現代の親・教師・大人は、子ども観においてどれだけの進歩を遂げたでしょうか。児童虐待、体罰などの頻発に出くわすにつけ、考え込んでしまいます。

子どもは大人の親であり、大人は子どもの相続人である？（ポール・ラングラン）

１９６６年にユネスコの成人教育委員会で初めて「生涯教育」lifelong (integrated) education の概念を提起した**ラングラン**（Paul Lengrand 1910～2003）を引っ張り出してみて、新たな小さな発見をしました（波多野完治訳『生涯教育入門』全日本社会教育連合会、１９７１年）。

・「子どもは大人の親である」という明白な真理—それはあまりにもしばしば無視されるが—から出発して、専門家達は、教育の構造の概念と運用について研究してきた（p.47）。
・大人は、毎日の生活の仕方によって形成されていくが、それと同時に子どものときに得たものをそのままもちつづける、いわゆる子どもの相続人である（同 p.93）。波多野訳は両引用とも「子ども」ではなく「子供」を充てている。

大人と子どもの関係について実に面白い見方をしていると思いませんか。大人から見て子どもの方が実は親なのだ、それは〝明白な真理〟なのだ、といいきっているのです。私たち親は、一生懸命に子を育ててきたつもりでも、子から教えられ学びながら育ってきたという一面もつよいということでしょうか。これは、実の親子関係以外にも当てはまるでしょう。

教師は懸命に教えながら、生徒によって人間的にも教職者としても成長させられます。〝幼さ〟を年々感じるようになった大学生から、私も成長の糧を得てきました。ボランティアとしての活動に長年かかわってきた人が「支えてあげていたつもりの自分が実は支えられていた」というのもよくわかります。

子が親を相続するのではなくて、親が子を相続しているのだというのも含蓄《がんちく》があります。子ども期に発揚《はつよう》していた〝良さ〟〝童心〟を、摩滅させず、大人になっても年齢相応に（ラングランでは「そのまま」）保ち続ける人には、輝きがあると思いませんか。

【追記】

「子どもは大人の親……」という把握は、ラングランによって突然表明されたのではなく、源流があるはずだ、それを探る努力をせねばならない、と本稿執筆後ずっと考え続けてきました。ヒントを与えてくれたのが２０１６年の勤務校大学院のスクーリングでした（勤務する大学の実際については第11章を参照ください）。参加していた大学院生―公立高校の現職校長です―が、

「先生、それはワーズワースでしょ」と言うのです。そして、ワーズワースの詩9行を参加者の前で口誦《こうしょう》してくれました。浅学の水内が生徒である院生（といっても年齢のさして変わらぬ校長さん）から教えられた一瞬でした。

イングランド北西部湖水地方の桂冠詩人**ワーズワース**（William Wordsworth　1770～1850）が１８０２年３月26日に作詩し、５年後に公にされて感動をよんだ９行の短詩『虹』*"The Rainbow"*がある。

My heart leaps up when I behold
A rainbow in the sky.
So was it when my life began;
So is it now I am a man;
So be it when I Shall grow old.
Or let me die!
The child is father of the Man;
And I could wish my days to be
Bound each to each by natural piety.

7行目の*The child is father of the Man*: に象徴される子ども観・人間観がその後ながく人々の心を揺すったという。

フランス留学の経験があり、ルソーなどの革命思想に触れ、19歳にして１７８９年のフランス革命に歓喜したワーズワースにつながる思潮をラングランにも見ようとするのは深読みに過ぎるだろうか（余談になるが本書脱稿後の２０１７年８月、湖水地方を実際に尋ねることにした）。

「生きる力」と子ども像に

さて、「大人の親」である子どもとは、いったいどんな子ども像を想定すればいいのでしょうか。

ルソーに見られるような子ども観の転換に道を切り開いた人物を日本で挙げるとしたら誰を挙げますか。私は『月刊綴方生活』を主宰した、土佐の元教師で生活綴方に全精力を注いだ**小砂丘忠義**《ささおかただよし》（1897～1937）を挙げます。子ども観における〝日本のルソー〟ともいうべき小砂丘は、「原始子ども」といわれる子ども像をうち出し、好奇心と意欲性に満ちた子ども、行動的で積極性に満ちあふれた子どもを求めました。生活のなかで見せる子どもの野性と、生活知性との相互統制（子どもみずからにおける生活統制）をめざしました。

では、今日の日本で、どんな子ども像を私たちは持つことができるのでしょうか。

中教審（中央教育審議会）が「生きる力」の育成をめざすと称した答申（１９９６年）

を出して二十年余が経過しました。私は、「生きる力」の主な中身が「自立心、自己抑制力、自己責任や自助の精神」云々とされていることの消極性を批判し、「どう生きるか」を問いつつ、「大人の思惑を超えてでも積極的に発言し、行動する子どもたち、権利の主体者としてきちんと振舞うことができる子どもたちであってほしい」と主張したことがあります（水内「中教審『生きる力』とは何か」『わが子は中学生』あゆみ出版、１９９６年10月号）。大人による既存の体制や、枠内に自ら主体的に（？）入ってゆく適応主義的な生き方や権利の自己規制ではなく、民主的人格の形成に支えられて生きる子どもたちこそ、21世紀にふさわしいのではないでしょうか。

子どもの４つの権利

21世紀の子ども像の前進と定着に新しい地平を切り開いたのは、子どもの権利条約でした（１９８９年国連総会、日本政府の批准は１９９４年）。

権利条約の詳細はあらためて記しませんが、ここに結実している子どもの権利の今日の到達点は、４種の権利にまとめることができるでしょう。すなわち、

①子どもの生存の権利
②（大人世代によって）保護され、たっぷり愛情を注がれる権利
③年齢にふさわしく発達する権利

④大人にも保障される市民的諸権利

となりましょう。

これらの権利の実現に伴って、子どもなりに責任（「義務」ではない！）が求められるのではないでしょうか。宮下聡『中学生の失敗する権利、責任をとる体験』（ふきのとう書房、２００２年）がとても示唆的です。

「子ども」それとも「子ども」？

「子供」と「子ども」を使い分けてきました。教育学関係者は、ならわしとして「子ども」または「こども」を使用し、「子供」を使う人は少数派です。

東京新聞「読者応答室」欄（２００９年３月27日）に「『子供』という漢字は差別的表現？」と題した記事が載ったこ

Q 「子供」という漢字が差別的表現だと聞いたことがありますが、本当ですか？

（さいたま市の60代男性）

「子供」という漢字は差別的表現？

A 「子供」が差別的表現というのは、「子供」の「供」が「つき従って行く人。従者。また、従者としてつき従うこと」（広辞苑）の意味だからです。すなわち、子が大人の付属物のように見える表記なので良くないという理由です。こうした声もあって、最近は漢字と仮名をまぜて書き記す交ぜ書きの「子ども」が一般的になり、平仮名表記の「こども」の例も多くなりました。

しかし、反論もあります。「コドモ」の言葉の始まりは万葉集で「子」の複数を表した「胡藤母」や「子等」。それが「子共」に変化し、「コドモ」が複数の子ではなく一人の子を表す意味にも使われるようになった近年になって「子供」と表記されるようになりました。「供」は語源から当て字にすぎず、「子供」と書くことに何ら差別的問題はないとのことです。

解釈さまざま、表記に制限なし

「子供」表記の解釈は分かれていますが、本紙などの新聞用字用語の基準となる共同通信社の記者ハンドブックでは、差別語にも不快用語にもなっていません。そして、紙面上では「一般的には『子ども』が多く使われている」と強調しながらも、「供」も常用漢字なので「子供」の使用も併せて認めています。

とはいうものの、固有名詞は別で、国連で採択された「子どもの権利条約」は、「子ども」を使用し、五月五日の「こどもの日」は、「国民の祝日に関する法律」で平仮名と規定されています。

（読者応答室・松井稔）

読者応答室
TEL(03)6910・2201
（日曜・祝日は休み）

東京新聞2009年3月27日朝刊

とがあります。結論的には「子供」は差別用語や不快用語ではないとしながらも、万葉集にまでさかのぼって解説しています。ここにも記されているように、「国民の祝日に関する法律」では、5月5日を「こどもの日」としています。法律に平仮名表記「こども」を使用していることに注目しました。なお「子どもの権利条約」(The Convention of the Rights of the Child) は、外務省訳では「児童の権利条約」としています。

ユニークな文献、森山茂樹・中江和恵『日本子ども史』(平凡社、2002年) を参考までにあげておきます。

第2章　公教育の思想に学ぶ　1

公教育の〈公〉は今

現代日本では、〈公〉（public）の営みであるべき領域・分野を縮小・解体して〈民〉その運営をゆだねる動きが「構造改革」や「自由化」「規制緩和」などの名のもとに横行しています。〈民〉とは本来、働く庶民・市民・国民の〈民〉であり、圧政や人権無視の束縛からの自由につながる民主主義の〈民〉であるはずですが、昨今の「民営化」の〈民〉は、大手教育産業や一部大資本などの公教育や福祉への侵蝕にほかならず、民主主義の〈民〉とはほど遠いものになっています。

利潤追求や排他的競争になじみにくい教育・保育・福祉が「構造改革」のターゲットにされている今、そもそも公教育とは何か、〈公〉とは何かをあらためて考えてみたいと思います。

２００８年1月当時、杉並区の公立中学校で大手学習塾産業の講師による有料授業が始まりました。企業の営業統括部長や新規事業担当部長だった校長は、授業科目「よのなか科」の新設などでも論議を呼びました。こんな事情も横目に見ながら、そもそも公教育とは何かを考えてみましょう。

公教育の思想、その芽生えと今日的課題と

そもそも、公教育（public education）の〈公〉には、

1 教育などの営みが、支配者・一部有力者など特定少数者にのみ奉仕するのではなくすべての者に公平に開かれている、

2（国や地方公共団体などの支えによる）公的な資金によって維持・管理・運営がなされる、

との二つの意味での〈公〉が含まれています。この公教育の考え方を学校教育制度の組織原則として具体化するにあたっては、学校教育を可能な限り無償制とし、一定期間を国民皆学の義務制とすることが建前とされました。わが国では、教育の根本法規教育基本法が「法律に定める学校は公の性質を持つ」と述べて公教育の在り方に言及しています（「改正」前後両法とも第６条）。

※なお、ここでいう「法律に定める学校」には当然私学も含みます。日本の現代の公教育で私立学校の果たしている役割は大きく、それが公費による私学助成の根拠ともなっています。

公教育思想の誕生―近代市民革命のなかで―

◎「公教育は人民に対する社会の義務である」

◎「男女をとわずすべての市民が教育を受けられるようにすること」―それはフランス革

命人権宣言にいう「人間的諸権利の平等を現実のものとする手段」として不可欠である。
◎「女子は公教育に対して男子と同じ権利を有する」、「女子は科学に関する教育から除外されてはならない」
◎「およそ教育の第一の条件は、真理のみが教授されるということである」、「いかなる公権力といえども、新しい真理の発展を阻害し、その特定の政策や一時的な利益に反する理論を教授することを妨害する権限をもってはならない」、「公権力の設置する教育機関は、いっさいの政治的権威から、できるかぎり独立していなければならない」
◎「教育の全階梯を通じて、教育は無償で行われる」（すべての教育は無償）

公教育の思想は、長い中世＝封建時代に別れを告げて新しい時代を切り開こうとした近代市民革命のなかで産声をあげました。右の文章は、フランス革命（１７８９年）後の革命議会で公教育委員会委員長をつとめた**コンドルセ**（Condorcet.M.J.1743～1794）のものです。―コンドルセ『公教育の原理』（松島鈞訳、明治図書、１９６２年）、牧柾名『教育権』（新日本新書、１９７１年）より。

ここには、教育の機会均等、教育の機会および内容における男女平等、無償教育など近代公教育の根本的な原理・原則が鮮明に打ち出されています。

革命議会（公教育委員会）には94本もの公教育プランが出され、そのすべてについて徹底した審議が行われます。議会では、議長席からみて左に急進改革派ジャコバン党、右に穏健保守派ジロンド党が席を占め、その後の「左翼」「右翼」や「左派」「右派」などの呼称の起源となります。コンドルセはジロンド党に所属していました。でもその主張は生命力に溢れて革新的だと思いませんか。

急進改革派の方はどんな主張を展開したのか、コンドルセほどに定かではありませんが、クルプスカヤ(レーニン夫人)はジャコバンの化学者ラボアジェとガザンフラッツなどが「生産労働と教育の結合」の意義を強調したことの先駆的意味を評価しています。――『国民教育と民主主義』(五十嵐顕訳・明治図書または勝田勝二訳・岩波文庫)

子ども・親・教師の関係把握の独創性

この時期の論議で注目したいことのひとつは、公教育における権利・義務関係の独特な把握です。

封建支配にピリオドを打って新しい近代市民社会をめざそうとするフランス革命―そこには資本主義初期の生き生きした人間像がそれなりに描き出され(第1章でとりあげた子ども観の転換など)、教育面では市民的権利の一環として教育権・学習権の充足への志向がみられます。教育学者の**堀尾輝久**氏の労作(『現代教育の思想と構造』岩波書店、1992年ほか)などにもあらためて学びつつ、私なりに論点を整理してみたいと思います。

フランス革命など市民革命期の教育論議を、教育の権利・義務関係の面から概観してみましょう。

①子どもの教育を受ける権利（教育への権利）

子どもは、この世に生を受けた者は誰しも、教育を受ける権利＝学習し発達する権利、がある。

②教育義務を他義務に優先して遂行する親の権利―（親の教育権）―

この子どもの権利の充足のためには、親（保護者）の〝子を教育する権利〟が保障されねばならない。親には、親であるがゆえの権利（親権）の行使として、教育の機会と内容の両面で子どもの発達可能性を現実化する具体的な手立てを講ずる権利がある。

教育における子に対する親の関係は「教育を受けさせる義務」として説明されることが一般的です。子どもの学習権＝発達権の充足にはたしかにそれに対応する親の〝教育する義務〟が不可欠です。しかし、わが子に義務として―仕方なく？―教育を受けさせる親がいるでしょうか。一定の年齢に達したら権利として学校に通わせたいと思うのではないでしょうか。市民革命期の教育論は、親の教育権に関してユニークな解釈を見せました。

親には子どもを「教育する義務」があることを認めたうえで、この義務を他の義務の遂行に優先して履行する権利があるとしました。徴兵の義務は果たせなくとも、貧しさゆえに納税の義務は遂行できなくとも、子を教育する義務は何をさしおいてでも果たす権利があるということになります。義務を他義務に優先して履行する権利というのは、親権の一翼としての親の教育権の特徴でしょう。

③教師の教育権

親は、教育する義務（権利）を履行するといっても、増大するであろう教育内容を親の個別的努力で教えるには限界があります。そこで、子を教育するという親の義務を共同で組織的に果たすために学校を創設し、教師を（税金で）雇って教師に親義務の実行を委託する。教師側からみれば、親の信託に応えて子どもたちを教育するという形で教師の教育権が生ずるということになります。

ということは、教師の教育権は限定的だということになります。信頼して子どもの教育を託するに値しない状況が顕著になった時、論理的には、親は子を教師のもとから引きあげることも可能だということになりましょうか。こんにちの登校拒否や不登校の問題にひきつけてみると、所定の学校に拠《よ》らずとも親の責任においてなんらかの代替的教育の措置がとられれば、親義務の不履行として咎められはしないとなるのでしょうか。

親の第一次的責任と教育の私事的性格　―3つの教育権、その順番に意味―

教育に関する国民の権利を、教育への子どもの権利（子どもの発達権・学習権）、親の教育権、教師の教育権の三つにおいてとらえることには今日でも異論はないと思われます。なお、これらの対極に「国家の教育権」の存在がしばしば主張されます。

教育権３種の順番①②③（序列）にはそれなりの意味があります。本命として最も重いのは言うまでもなく①であり、教育・学習の主人公子どもの権利ために②の役割が大きく、次いで③があるといえましょう。

細かいことですが、私は、学級通信などを書く際に不用意に「教師と子ども・親みんなで……」などとせずに、「子ども・親・教師みんなで……」とするのだよ、と教員志望の学生たちに指導するよう心がけています。

親・保護者による家庭教育こそが教育の中核

このように見てくると、②の親の教育権が重い位置を占めていることを感じます。子どもの教育に第一次的責任を負うのは親なのです。先ず親があって、次に教師なのです。ということは、家庭における親・保護者による教育――家庭教育――こそが教育の本命ということになります。学校教育が組織的にも整備され、こんにちのように肥大化してくると、教育の本拠は学校とみなされがちですが、親による躾《しつけ》を含む家庭教育の営みこそが教育の根底的中核だというのです。この考えは〝教育の私事性〟の主張と言われます。

私事という性格を保ちつつ公事？　公教育の拡充を

家庭教育こそが教育の本命だと言いながら、他方で公事としての公教育の確立を求める

――一見矛盾しているかにみえるこうした対応は、近代市民革命のひとつの知恵でした。

知恵をこらした背後には、子どもにどんな能力をつけ、どんな人格をそなえた存在に育てて行くかというすぐれて個人の内面の自由にもかかわる問題に国家権力が介入するような事態をあらかじめ防止する意図が込められていたと見ることができましょう。その意味では、改正教育基本法が新たに「家庭教育」の条項をおこして家庭教育に国家が介入する余地をみせたことは、近代教育の原則にてらして大きな問題を孕む。

現代日本の公教育として何を受け継ぐか ―住民・国民みずからの力で教育をつくる―

わが国では、このような近代公教育思想を長時間かけて醸成することが十分になされませんでした。遅れて資本主義発展の競争に加わったわが国の場合、もっぱら強兵富国・殖産興業の手段として、公教育の形を〝上から〟(国家の側から)急いで作りあげました。住民からの強制的な資金拠出で学校を作り、それを国民に下ろしました。そうしたことの反面として、教育は住民・国民みずからのもの、とする思想が十分根付かないままに推移してきました。公権力から適切な距離を保ちつつ、国民の教育権を名実ともに定着させる努力がひきつづき重要でしょう。

無償制の世論を

義務制とならんで無償制が近代公教育制度の二大原則ですが、わが国は無償制において決定的に立ち遅れています。義務制は遅くなかった日本ですが、無償制は１９００（明治33年）の小学校令によって義務教育４年間の授業料不徴収が実施されたのみで、授業料以外の過重な父母負担などは放置されたままでした。「義務教育は、これを無償とする」として無償制が明文化されたのは第二次大戦後でした（憲法第26条）。先述のコンドルセが、（義務教育のみならず）すべての教育は無償、と主張していたことを思うと、あまりの隔たりです。

文部科学省の２００６年↓２０１４年度の度学習費調査を見てみましょう。幼稚園から高校までの学習費総額は、

- ●すべて公立　５７１万円↓５２３万円（幼のみ私立で小中高公立は６０９万円）
- ●高校のみ私立　７２８万円↓６９８万円
- ●小学校のみ公立　１０５５万円↓１０４１万円
- ●すべて私立　１６７８万円↓１７７０万円

となっていて、教育費の家計圧迫の姿が見えます。

※調査の結果説明では、２０１４（平成22）年度からの高校等の教育費減は、公立高等学校授

業料無償制・高等学校就学支援金制度の導入によるという。このように〝減少〟という事実がたしかに存在するとはいえ、他方「補助学習費（家庭学習での物品・図書、家庭教師や学習塾等）」及び「その他の学校外活動費」（体験活動や習い事等のための支出や用具の購入費等を含む）が著しく増大しているという事実も２０１４年度調査は示している。突出しているのは、公立中学校４３・５万円である。私立校では小６が７４・０万円に達している。

http://www.mext.go.jp/b_menu/toukei/chousa03/gakushuuhi/kekka/k_detail/__icsFiles/afieldfile/2015/12/24/1364721_1_1.pdf#search=%27 学習費調査 2014 年度 %27（２０１７年８月９日閲覧）

ＯＥＣＤ（経済協力開発機構）の加盟各国２００５年度調査にみる国内総生産（ＧＤＰ）中の教育への公財政支出割合は３・４％（前年比０・１％減）で、その後もデータの比較可能な28カ国中最下位である。また、教育費全体に対する私費負担の割合は31・４％で、韓国、米国に次いで3番目に多く、公的投資の少なさを私的支出で補なっている姿が見えてくる。

軍事費の大幅削減などを図りつつ、大学授業料の無償化を含む無償公教育への前進的措置が急務だ。

親の第一次責任をめぐって

先ほど、子育て・教育をめぐる親の第一次責任といいましたが、このことをめぐって教育・保育現場などで時として混乱がみられるように思います。

第一次的に責任を負うとは、親がすべて責任を負うということではないと思います。〈公〉による支援やゆきとどいた教育・保育のための条件整備を欠いたまま、〝自己責任〟を親にだけ過大に強調する風潮に疑問を覚えます。

他方、モンスター・ペアレントなど、親の一部に見られる現象を親の多くに共通的傾向であるかに描き出す向きも見られます。国民の教育権の三側面が適切にかみあい、必要な連携・協同が前進することを願うばかりです。

公教育思想の揺籃期《ようらんき》を中心にとりあげましたが、コンドルセ等の主張は思想としての先駆的提起にとどまりました。革命の退潮後の恐怖政治や産業革命を経たあとの公教育の展開をもとに次章の考察を試みたいと思います。

第3章

公教育の思想に学ぶ　2

児童労働の制限を　―公教育の成立と展開に必須の条件―

権利としての教育の主張を支えに近代市民革命のなかで生まれた公教育思想は、現実には思想としての問題提起にとどまらざるをえませんでした。革命の急速な退潮のあとは、恐怖政治・暗黒政治の到来でした。公教育の実現への次の模索は、19世紀になって、産業革命の全面展開にいたってからでした。模索は、子どもたちをめぐるあまりにも残酷な非人間的な現実の直視からでした。

工場では子ども達の寝床は冷める暇がなかった

産業革命による大工業のひろがりは、科学・技術の水準の向上およびそれと不可分の公教育の普及につながったでしょうか。現実は、労働者のからだも心も蝕《むしば》む劣悪な環境下での残酷な長時間労働が、子ども達をもまきこんでまかり通っていました。マルクスやエンゲルスがその実態を鋭く告発しています。例えばマルクスは、溶鉱炉から取り出した灼熱の金属素材を圧延する工場での長時間年少労働の姿を、公的文書をもとに記述しています。

●名目的労働日が朝の6時から夕方の5時半までであったある圧延工場では、ある少年は毎週四晩、少なくとも翌日の夜8時半まで労働した。……しかもそれが6ヵ月間である。(K. マルクス『資本論』第一部)

●もう一人の少年は、9歳のときにはしばしば12時間労働三交代分をつづけさまに、10歳のときは二日二晩つづけさまに、労働した。(同)

エンゲルスも、「分娩後3日か4日ではやくも工場へもどってくるが、乳児はもちろん家にのこされる」という女性労働者、「月曜日の朝5時に家をでて、その週の土曜日の夜7時にはじめて家へ帰ってくる」という三児の母親の姿、「子どもたちをおとなしくさせておくために麻酔薬を使用するならわし」や家族・家庭の崩壊の実態などに言及しています。(F. エンゲルス『イギリスにおける労働者階級の状態』)

長時間働いた子どもや労働者が夜半に戻って寝床にもぐりこむと、直前に工場へ向かった者のぬくもりが残っていて、イギリスのランカシャー地方では「寝床は冷める暇がなかった」という文言で長時間労働が語られてきたといわれます(マルクス)。

長時間年少労働を規制して学校教育を

「6歳の子どもが一日に16時間も「レース仕上げの労働」をしていたという現実(マルクス)

や右のような事態になんらかの規制を加えずして学校教育の成立・普及を図ることは困難でした。工場主からも、全く読み・書き・計算ができない労働者でいいのか、伝票の読み・書きや簡単な計算などスリーアールズ（3R'S—reading,writing,arithmetic,or reckoning などRの文字を初頭にもつ3つの重要なこと—読書算）の初歩および宗教教義の基本くらいは身につけさすべきではないか、などの声が出始めます。宗教教義の基本の習得については、それまでは教会の慈善学校・日曜学校がその役割を果たしていましたが、長時間過重労働がそれさえもままならなくさせてしまったということでしょう。

助教生制度（読み書きの出来る生徒を助教生＝monitorとして集め活用する安上がりの大量速成教育）の実施が試みられますが、問題の抜本的解決には児童労働の制限が不可欠でした。この点では**ロバート・オーエン**（R.Owen,1771～1858）の奮闘が輝いています。オーエンは、児童労働や長時間過重労働を禁ずる工場法の制定や協同組合の設立に奔走するとともに、3から10歳、10歳から25歳の青少年を対象に読書算や音楽・ダンスなども採り入れた「性格形成学院」の教育などで後世に名を残します。

アメリカおよび日本では？

アメリカの場合はどうだったでしょうか。各州ごとに動きは異なりますが、公教育制度創設への模索ではマサチューセッツ州が先駆的でしょう。初代の州教育長（1837年から12年間）となった**ホレース・マン**（Horace Mann,1796～1859）が、１８４２年、州教育法を制定して公立初等学校を設立。宗教性を排除した公営・無償・義務制の原則を強調し、各州教育制度のモデルとなります。「アメリカ公教育の父」とも言われたマン教育長は、議会への働きかけの一方で、工場主を説得して学齢期の子どもを週に一定の日時だけでも通学させることに腐心します。

ホレース・マンが公立近代学校の創設と普及に力を注いだのは、①そのことによって、工業発展に必要な質の高い労働力の創出と確保を図りたいと考えたからでした。とともに、②多様な出自と家庭的背景をもつ子どもたちが、共通の教育を受けることにより、健全な市民性を得ることを願っていました。マンだけでなくアメリカ初期公教育論には、義務教育＝親代り論ともいうべき思潮が背景に流れていたように思われます。さまざまな事情により家庭で親の愛と庇護を充分に受容し得ないでいる子ども達に、学校が代わって親の役割を多少なりとも果たしてやろうという志向から、現代日本も学ぶ点が多いと思いませんか。※ホレース・マンの詳細は久保義三訳『民衆教育論』（世界教育学選集第7巻、明治図書出版、１９６０年）を参照されたい。

こうして公教育の制度的枠組みが作られますが、アメリカではこのあと市民同士による殺傷＝南北戦争（The civil war 1861～1865）、奴隷解放宣言（１８６３年）を行なったリンカーン大統領（共和党）への狙撃や全米奴隷制廃止（１８６５年12月18日）などの試練を経たのち、

19世紀の第4四半期ころからは、制度の内実＝教育の内容・方法上の各種の模索と議論が活発に展開されるところとなります。

日本の場合はどうだったでしょうか。

詳細は省きますが、天皇制政府主導で、強兵富国・殖産興業策の一環としての〝上から〟の教育づくり・人づくりの傾向を顕著に帯びていました。欧米の資本主義先進国にみられたような市民・国民の間での活発な論議を踏まえての〝下から〟の教育創造という性格は弱かったことは否めない事実でしょう（前章参照）。

太政官通達「学事奨励に関する被仰出書《おおせいだされしょ》」をもとに発布された「学制」（全273章）によって、6歳を以って全員就学を強制してスタートした日本の近代公教育は、欧米に範を採った実学中心の教科目を並べてはいましたが、義務制と無償制という近代公教育制度の二大原則のうち、無償制原則において決定的な欠陥をもっていました。寺子屋など近世後期の発達した庶民教育の否定・断絶の上に作られた義務教育学校は、住民の過酷なまでの財政負担で生まれ、授業料を徴収するなど〝受益者負担原則〟が徹底していました。授業料廃止は1900（明治33）年の教育令までまたねばなりませんでした。

なお、工場法については、1926（大正15）年にようやく制定されますが、抜け穴だらけの〝ザル法〟でした。英米のような学童期の子どもの工場労働は多くなかったようですが、『女工哀史』（細井和喜蔵）などにみられるような十代青年労働者などの劣悪な労働環境は一般的でした。

１９０７（明治40）年に日本の義務教育は6年制に延長され、障害児などをのぞく国民の就学率がほぼ１００％に近づいたとされていますが、6年生末までに一割以上、地域によっては二割が自然退学など修学未了となっていました。満20歳に達したすべての男子（壮丁）に対して当時の文部省が毎年おこなった壮丁教育調査のデータをもとに、日本教育学会で私自身報告しています（１９７3年千葉大学）。日本の近代公教育が公教育としての機能をどの程度発揮していたのか、国民的信頼に値するものだったかどうか、ひとつの問題提起を試みたつもりでした。

こんにちの現実に照らしてみて

こんにちの日本と世界の現実に照らし合わせていくつかの問題を考えてみましょう。

ひきつづく無償制原則の不徹底

この点は前章でも言及したので深く立ち入りませんが、日本近代公教育発足時の〝負の遺産〟がわが国の教育の現在にもさまざまな陰を落としているように思います。世界にも稀有な大学などの高学費、「義務教育は、これを無償とする」との憲法があるにもかかわらず（第26条）かさむ一方の父母負担然りです。教育は社会的な営みであり、教育を通じて身につけ高められた能力・資質は社会共有の資産であって、その成果は充分に社会へ還元されているのではないでしょうか。政治と社会の責任において展開されるべき教育の営みが「自己責任」と「受益者負担」論にすり替えられている問題は、教育の機会均等原則の実質化に不可欠の奨学金問題に如実に現れていると思いませんか。奨学生への採用が狭き門であるばかりか、給付制ではなく銀行ローンなみに利子をつけて返還させる貸与制が本流となっていて、はたして先進国といえるでしょうか。

世界のサッカーボールの7～8割を子どもが生産　―過去の問題ではない児童労働―

児童労働の問題に戻りましょう。

私が子どもの長時間工場労働を考えるようになったのは大学生になってからでした。それまでは、考えたことも無かったし、そのような事実の存在自体を知りませんでした。「産業革命」の授業では、蒸気機関の発明、織機や綿布の取引、植民地獲得競争などの知識を得た記憶しかありません。この学習自体は無駄だったとは思いませんが、歴史というのは卒業後の然るべき時期にみずから学びなおすべきものだと痛感したことでした。今では、産業革命の進展を現実に可能にした人間労働―労働者と子ども達のからだと心をすりへらす長時間の非人間的労働―への考察が学習のキーワードとして位置づけられているかどうかを「産業革命」授業の参観などにあたっては自分なりの着眼点にしています。このような学習をふまえたうえで過労死や「派遣切り」・リストラなど今日の労働問題についての授業プランをたててみたいと思いませんか。これはカリキュラムづくり・授業づくりの問題ですね。

ところで、児童労働はもう過去の問題でしょうか。現代日本にあっては、小中学生や専門高校在籍の高校生以外は、その生活は労働からあまりにも疎遠になってしまいました。下校後や休暇中における長時間の家業への参加による束縛から解放されたいと願っていたわが少年時代が嘘のようです。でも、目を海外に転じれば、児童労働がきわめて今日的な問題でもある事実に直面します。

世界中で使われるサッカーボールやバレーボールの多くは、安い労働力を頼りにパキスタンやインド北部、アフガニスタンなどで縫製されるとのこと。

●「作り手の中には学齢期の子どももいるが、彼らがそのボールで遊ぶことはめったにない」

●「仏サッカーワールドカップ開催時に、世界のサッカーボールの75％を生産するパキスタンでの児童労働が、問題視されていた。15歳に満たない子供たちが、その貧しさから、学校に行けず、長時間・低賃金労働を強いられていた」

●「児童労働によるボール縫製に批判が出始めたのは……1995年ごろから。インドでは約1万人（98年）、パキスタンでは約7千人（96年）の児童労働が指摘された」

※児童労働の動向については左記のデータ等に拠っています。
http://www.aspiro.jp/aspiro/childlabor.html（「サッカーボール業界の児童労働問題」２０１７年８月９日閲覧） http://acejapan.org（「世界の子どもを児童労働から守るNGO ACE［エース］」２０１７年８月９日閲覧）

児童労働の制限と適正なコントロールが、今日でも重要な課題であることがわかるかと思います。なお、ＩＬＯ（国際労働機関）が２０００〜２０１２年のデータを分析した結果などによると世界では今なお１億６８００万人の子ども（子ども９人に１人）が児童労働に従事している。うち、５〜11歳が最多の44％を占めている。

軍事的労役を強いられる子どもたち

子どもの権利条約第38条「武力紛争における子どもの保護」に次のような項目があります。

▲15歳に満たない者が敵対行為に直接参加しないことを確保するためにあらゆる可能な措置をとる。
▲15歳に満たないいかなる者も軍隊に徴募することを差し控える。

この項に接した時は暗澹《あんたん》たる気分でした。でも、これが世界の現実なのでしょう。

▲（世界中で）現在、少なくとも30万人の子どもたちが戦争にかかわっている。

さらに、何百何千といった子どもたちが軍隊に所属しており、瞬く間に武力衝突に巻き込まれる可能性に瀕している。子ども兵の大半は15歳から18歳であるが、多くの子どもたちは10歳ぐらいから徴募されている。（レイチェル・ブレット他、渡井訳『世界の子ども兵―見えない子どもたち―』新評論、２００２年）。

子ども兵は、直接的な戦闘・殺傷行為のほかに、見張り、スパイ、荷物運び、性的サービスなどに従事させられているといいます。「銃を構えるフィリピンの子ども。この少年は、武力衝突で負傷した経験がある」との説明つきの衝撃的な写真などが同書には収められています。条約が〝せめて15歳までは……〟として子ども兵の年齢に妥協せざるを得なかったのは悲しい現実ですが、このような現実の解消なしには公教育の前進がありえないことは自明です。これは、産業革命の19世紀にはなかった新しい問題といえるでしょう。

以上、公教育の思想と現実について素描してみました。公教育の制度的展望の中で青少年が〝働く〟こと＝青少年の労働を同位置づけるべきか、などの問題を考えながら稿を進めてきました（第11章でとりあげました）。

また、この小論を書きながら、近年までいわれた〝豊かさとは？〟や〝豊かさのなかの貧困〟などの論議を耳にしなくなったことに気づきました。絶対的貧困の拡大、生活レベルの上下間格差の拡大が急速に進んでいるということなのでしょうか。

機会があったら、他日を期すこととします。

第４章　子どもの発達に迫る　１

子どもが発達するとはどういうことでしょうか。「発達」を論じ考察する際の基本的枠組みと視座をどうおさえておくべきかを考えてみたいと思います。

「発達」は、心理学や医学など各方面の学問領域にまたがる学際的複合的なテーマです。教育学がこのテーマに関心を持つようになってそれなりの歴史があるとはいえ、「発達」を心理学のテーマと見る向きも少なくありません。

しかし、近年は、教育学を「発達科学」の一翼ととらえ、「発達教育学」を教育学の基軸に据えようとする志向も顕著です。教育学の旧来からの守備範囲などにこだわることなく、諸科学の「発達」研究にも学びながら魅力的なテーマ「発達」に迫ってみることとしましょう。

「発達」に相当する英語訳は develop(development) ですが、そこには「(隠れているものを)発現させる」との意味が込められていて、(子どもの) 内的可能性とその発現が重視されていることがうかがえます。他方、日本語の「発達」は、時間の経過に伴う変化・変容の事実への注目と、それに対してどう対応を変えるべきかに関心があるように思われます。

日本で「発達」に早くから関心を示した教育学者の一人に**澤柳政太郎**（1865～1927）がいます。澤柳は大正期新教育運動（第一次新教育運動）のリーダーの一人でもありましたが、デューイ（Dewey,J.）など欧米の児童中心主義の主張や活動の本格的な紹介以前に子どもの「心意発達の理法」に関心を寄せています。澤柳は、「児童の心意発達の程度及び年齢に応じて」「適当なる課業を授け」るべきだと説き、そのような主張の先駆者として江戸前期の儒学者**貝原益軒**（1630～1714）をあげ、「隋年教法」に基づく益軒の「（教育）課程表」に注目しています。益軒の『養生訓・和俗童子訓』（岩波文庫、1961年）を解説した石川謙氏も、「朱子の哲学説から導きだすことのできる『発達』または『発展』の観念」を根底に持ち、「子どもの世界の独自性を認証した」先達として益軒に注目しています。このような「発達」研究の日本的・東洋的土壌と遺産にも目を向ける必要を感じます。（澤柳政太郎全集第8巻『世界の中の日本の教育Ⅰ』成城学園同全集刊行会編・水内宏解説、国土社参照）

一、発達は子どもの権利だ

子どもが、どんな人間的なふくらみの内実をもって、どんな方向に伸びてゆくか――これは子ども自身が決めることです。子どもには自身の発達の内実と方向をえらびとる権利があるはずです。親や教師など大人は、どのように発達してほしいかを願い、そのための条件整備や働きかけをすることは出来るとしても、究極において発達は子ども自身が〝自己運動〟としてみずから獲得し実現してゆくのだということを先ずは強調しておきたいと思います。

旧ソ連の心理学者・教育学者**ゲ・エス・コスチューク**（1899～1982）の論文「教育と発達との相互関係について」が、１９７０年代から８０年代に日本でも話題になったことがありました。論文の詳細は省略しますが、子どもの精神内部の自己運動をどう刺激し活発化させるか、教育はそのために何をすべきか、何をすべきでないかを議論したことがあります。唐突にコスチューク論文などを引っ張り出してきましたが、子どもの身体・精神の内部からの自己運動として発達をとらえ、発達の営みの自発的性格をあらためて考えさせてくれるきっかけとなった論文なので、あえて一言触れました。

権利としての発達の話に戻しましょう。発達をすべての人の権利としてとらえる志向は近代市民革命と〝子どもの発見〟＝子ども観の転換と新しい子ども像の創出に端を発し（第2章参照）、幾多の試練を経て今日では〝学習権＝発達権〟などの言い方で発達に不可欠の「学習」とセットで表記されることも少なくありません。

では、〝学習権＝発達権〟とは何でしょうか。もう一歩、踏み込んで、具体的に考えてみましょう。私は、そのひとつの到達点をユネスコ（国連の教育文化科学機関）が採択した「学習権宣言」（１９８５年３月29日）に見ることが出来るように思います。宣言は述べています。

学習権とは、
読み書きの権利であり、
問い続け、深く考える権利であり、
想像し、創造する権利であり、
自分自身の世界を読み取り、歴史をつづる権利であり、
あらゆる教育の手だてを得る権利であり、
個人的・集団的力量を発揮させる権利である。
………（中略）………
学習権は、人間の生存にとって不可欠な手段である。
もし、世界の人々が、食料の生産やその他の基本的人間の欲求が満たされることを望むならば、世界の人々は学習権をもたなければならない。
もし、女性も男性も、より健康な生活を営もうとするなら、彼らは学習権をもたなければならない。
もし、わたしたちが戦争を避けようとするなら、平和に生きることを学び、お互いに理解し合うことを学ばねばならない。
〝学習〟こそはキーワードである。
学習権なくしては、人間的発達はありえない。……

ここでは、学習し発達することが、学校での各教科などの勉学への権利というレベルにとどまらず、人間としての生存に「不可欠の手段」とされていることに注目しておきましょう。

二、環境にみずから働きかけることで発達する

子ども自身の活動があってこそ発達する

〝働きかける者は働きかけられる〟――これは、親や子どもの発達にかかわる仕事にたずさわる教師・保育者が経験的にも把んでいる真理でしょう。活発な子、活動的な子が伸びることを直感できます。そして、「活発」の中身、ただ騒がしいだけなどとは異なる真の活発さとは何か、「活動的であれ」と言う時の「活動」の内実は何かを考えるでしょう。

発達は環境に規定されます。このことに誰も異存はないでしょう。とともに、発達は環境に対する人間主体の側からの自発的な働きかけ如何によって決定的に左右されます。発達にとっての環境の重要性を強調することは、環境万能論の立場を採ることではありません。自己をとりまく環境の良し悪しによってその人の発達の内実と方向が運命的に定まっているということでもありません。乳幼児期のあそびから大人の労働にいたるまで、人間は環境に働きかけ、環境をみずからの意思に基づいて変えるなかで、自己を変え、自己の能力を開花・発達させてきました。「労働」でいえば、その定義として「人間が、自然に

働きかけ、自然と自分自身とを変える営み」とされてきましたが（K. マルクス）、「自分自身とを」の意味するところが重要でしょう。

発達にとって環境とは？

ところで、子どもの発達にとっての環境とはいったい何でしょうか。２つの意味がありそうです。

A子どもの周囲にあって（当人の意思とは無関係に）影響を及ぼしていく存在としての環境

B意図的・意識的に働きかける対象としての環境（対象的環境）

フランス人は、木々や自然の豊かな森を生存と生活に不可欠な存在ととらえ、森を暮らしのなかに取り込んで共生していることが少なくありません。この場合の森や木々は**A**の意味を帯びた環境でしょう。でも、この森で木登りをして遊ぶ時の樹は**B**の意味での環境となります。発達との絡みでは、後者**B**の環境を子ども達に豊富に保障してあげたいものです。

なお、環境は物理的自然的環境にとどまるものではありません。子どもの発達にとっての環境は、歴史的社会的な環境でもあります。歴史のどんな状況のもとで生まれ育ったか、どんな経済的・社会的・文化的環境のなかで過ごしたかが各個人と世代の発達に特徴的な刻印をもたらします。子どもの発達は、彼・彼女をとりまく歴史的社会的諸関係の総体に規定されます。ここではこの一般的指摘だけにとどめたうえで、子どもの成長・発達にとっての自然的環境の特別な意義について少々立ち入ってみましょう。

子どもの発達に必須の自然は何?

乳幼児期から青年期に至る子どもの発達にとって豊かな自然環境の存在が不可欠なことについては誰も異存はないでしょう。でも、そこで想定されている〝自然〟の具体的な姿は、緑ゆたかな自然を想い描く人もあれば、動物たちとのふれあいを先ず念頭におく人もいるなどなど、人それぞれに異なっているのではないでしょうか。「発達に不可欠な自然」のミニマム・エッセンシャルズについてゆるやかな見解の共有の必要を感じます。

問題を考える手がかりとして私は時に(日・月・火・水…の七曜日表)を用います。新生児が初めて出会う自然は〝日〟(屋内外を問わず太陽光線—先述の「環境」の意味A)、次いでは〝水〟(Aの意味での沐浴に始まり、パシャパシャと水遊びもするようになると「環境」B)でしょう。砂遊びや泥んこ遊びで〝土〟が登場し、木登りや木工遊びで〝木〟に働きかける。学童期以降に展開される木工では道具の本格的な使用に伴って〝金〟に深くかかわるようになる(木工で使用される道具やその素材の多くは「鋸」「(金)鎚」「錐」「鉋」「鑿」「釘」「鉄」など木より強い〝金〟ないしカネ偏文字の道具で示されることに注目。後述のように「金は木に剋つ」のです)。

日→水→土→木→金……ここには人間発達に不可欠の自然環境がみごとに盛り込まれています。これに、ヒトの猿との決定的な違いのひとつ〝火〟（の使用）が加わります。唯一例外的に発達との関係性が薄いのが〝月〟でしょうか（東洋人は月に特別な感情を抱くことが少なくないが、ただ単に天体のひとつとみなすだけの民族もある）。

話がやや脱線します。七曜日の呼称に関しては各国それなりに歴史的な由来があるようですが、明治期にグレゴリウス暦に基づく太陽暦を導入して以降の現在の七曜表もそれなりに味があると思っています。中国古来の「五行」説の哲理に言われる「天地の間に循環流行して停息しない木・火・土・金・水など五つの元気」＝「万物組成の元素」、さらに天空の「日」（太陽暦にちなむ「日」）と「月」（陰暦にちなむ「月」）を筆頭に配して七つとした、と私は受けとめていますが、もし誤っていたら教えて下さい。

「五行」説では「木から火を、火から土を、土から金を、金から水を、水から木を生ずる」とされ（五行相生）、また、「木は土に、土は水に、水は火に、火は金に、金は木に剋つ（かつ）」（五行相剋）のだという―広辞苑ほか。

「五行《ごぎょう》」の哲理を念頭におきながら、先述の「環境」の意味**AB**に注目しつつ、子どもの発達の各段階ごとに発達に必須の自然環境の現状とあり方を考えてみたらどうでしょうか。

三、固有の生物学的要因をどう見るか

人間発達における環境の重要性、環境に働きかける主体的活動の決定的意義を強調してきました。「環境・境遇が劣悪だからこれ以上伸びるのは無理だ」と自他ともにあきらめるのではなくて、環境—自然と社会（モノ、ヒト、およびそれらの相互関係、関係に介在するカネ）—にはたらきかけ、意志と努力によって環境を変革してゆくことが人間には出来る、そのことによって自身をも変える＝発達させることができるのだ、と主張したつもりでした。

このように言うことは、人間発達における各個体（個人）に固有の生物学的要因を視野の外に置くということではありません。固有の生物学的要因は、各人の発達に個性的差異をもたらす有力なひとつの要因であります。

各個体に固有の生物学的要因—それは、遺伝的・生得的形質であることが少なくありませんが、同時にそうした形質自体、環境のもとで長期にわたってつくられてきたことも否めない事実です。19世紀後半から20世紀初期に「遺伝か環境か？」の論争がありましたが、そこでは、バッハ一族に音楽家・科学者・聖職者等が多いのは「優秀な遺伝子が継承されているから」とされ、アメリカのカリカーク兄弟一族数十人に凶悪犯罪者が多いのは「劣悪・兇暴の遺伝子のため」として「遺伝」で片付けられてきました。「遺伝と環境」の問題は実はそう簡単ではなく、バッハ・カリカーク両一族の問題も、その後、「環境優位」を説明する材料にもなり得るとされるようになってきました。

こんにちでは、遺伝子レベルでの研究・解析の飛躍的な進歩により、発達研究も新しい画期を迎えてきています。

私の知る範囲でも、例えば子どもの側彎症《そくわんしょう》の研究において、生育環境や栄養面からの接近に加えてＤＮＡ研究の手法が導入されようとしています。

この分野の門外漢にとって、柳澤桂子『〝いのち〟とはなにか―生命科学への招待―』（講談社学術文庫、２００１年）が入門書として参考になりました。

遺伝子レベルでの科学的解明への期待とともに、旧い〝遺伝決定論〟が相変わらず残存していて頭をもたげてくる時があることに警戒を怠ってはならないでしょう。**三浦朱門**（1926～2017）元教育課程審議会会長が、21世紀になってもなお、今後は就学前に遺伝子検査をおこなって「非才・無才」の者とリーダーとなり得る秀才とを選別し、「非才・無才」には「せめて実直な精神だけ養ってもらえばよい」などと放言していることを忘れません（水内「教育の改革、いま何が根本的な問題か」『ちば・教育と文化』№61参照）。

【附記】

①子どもたちの学校外生活の環境が悪化し、安心して遊ぶことのできる場所が無くなってきていることについて、２０１０年5月26日に逝去された教育学の大先輩で千葉大学の同僚でもあった**城丸章夫**（1917～2010）氏と話したことを思い出しました。氏は、第二次大戦前の東京下

町での教員生活の経験にも触れながら、子どもたちの下校後は路地裏への軽車両などを含む車の立ち入りを出来なくして遊び場を確保してあげた地域の大人たちの工夫を話してくださいました。「日曜日の大通りの歩行者天国もいいけれど、他にもやることあるのでは?」と、子どもの環境にかかわる大人の努力のあり方に言及されていたことが記憶に残っています。

②本章の標題を「子どもの〝発達〟に……」としたのは、それなりの意味があります。エリ・エス・ヴィゴツキーの論文「子どもの発達の年令的区分の問題」(1933~34年、河崎道夫訳、復刻版『ソビエト心理学研究』第五巻、三友社、1975年所収)に、子どもの発達研究の対象を成人期の始まる時期(ヴィゴツキーにおいては18歳)までとし、成人以降をも含めて「子どもの発達を過度に拡張」することに「反対せざるを得ない」との主張にそれなりの共感を覚えたことによります。

ただ、この共感を社会教育・生涯教育関係者などに語ると、しばしば強い反発を受けます。ヴィゴツキーは、なにも成人期以降から老人期に至る発達を否定しているのではなく、成人期以降の人間発達の場合は「子どもの発達の合法則性にしたがいうるということは困難である」と主張しているのです。本章では、「子どもの発達の合法則性」の解明に専心し、成人期~老人期の「発達の合法則性」の研究については生涯発達研究者の今後の奮闘に期待することとしたい。

第５章　子どもの発達に迫る　１

―発達のすじみちをどうとらえるか〈発達段階論・発達過程論の基本問題〉―

子どもは、どんなプロセス、どんなすじみちをたどって発達するのでしょうか。この問題には多くの研究者や実践者が今日まで関心を寄せ、発言してきました。たとえばスイスの**ピアジェ**（Piaget,1896～1980）の発達段階は、思考・知的操作など認識発達に主眼を置いた発達段階として知られています。その後、学習からの「おちこぼれ」や青少年非行、子どものからだのおかしさなどのひろがる１９７０年代以降に特に、知的発達だけでなく子どもの全生活と活動をトータルに捉えて発達を論ずる傾向になってきたように思います。以下、私なりに発達過程をとらえる視点・視角をあらためて考えてみようと思います。

一、能力の発達と人格の発達

「発達」といえば、体力、運動能力、言語能力、記憶力や計算能力などなど人間が〝なにかができる〟＝〝実際に物事をなしうる〟ことを意味する「能力」（ability）の発達が念頭に浮かびます。

でも「発達」を「能力」の発達だけでみることにはためらいがあることも事実でしょう。体力・運動能力抜群のスポーツ選手が問題行動を起こして非難を浴びたり、言語明晰で頭の回転の速い人や数学の天才が現実の行動面では周囲と摩擦・軋轢《あつれき》を生じているケース等を目にします。そう、「発達」は「能力」だけではないのです。「能力」と渾然《こんぜん》一体でいてそれを超えた「人格」ないし「人間人格」の発達があるのではないでしょうか。教育基本法が、教育の目的を「教育は人格の完成をめざし……」とし、「能力」を述語として当てなかったのは正解でした。渾然一体とはいえ、「人格」の方が上なのだ、という〝人格の優位性〟の観点を堅持することが必要でしょう。

一般的にただ「発達」という時は、「能力」と渾然一体となった人格の発達を指していると思います。つまり、「発達」は人格発達を含意した言葉です。能力の発達だけを指す時にも「発達」を充てますが、その場合は「認識能力の発達」「知的操作の発達」……などのように「発達」の前に「〇〇の能力の」を付けるように私はしています。

知見がひろがり、各種の活動ができるようになるにつれて、それに見合う人格の発達可能性が期待できるはずです。語彙が増え、言語能力発達の急激な2歳児が大人からの働きかけに対して行動を調整し感情表現も多彩になる事実などを見ていると、能力と人格の相互に高め合う関係がよくわかります。ところが現実には「受験能力」に秀でた青年や「受験能力」向上に奮闘中の青年などによる近親者殺害等の例を出すまでもなく〝能力と人格の分裂〟の悲劇に直面します。

能力と人格の互いに高め合う関係を回復し前進させることが、子育てと教育実践の至上課題となっています。

二、発達は持続的であるとともに革命的飛躍的である（ヴィゴツキー）ー発達には節があるー

①ミクロな発達（相対的安定期）とマクロな発達（不安定・動揺期）

発達の道すじは決して平坦ではありません。**ヴィゴツキー**（1896～1934）はこれを「持続的であるとともに革命的飛躍的である」と表現しました。その意味は、ヴィゴツキーの言などを借りて左のように対比することもできましょう。

○ミクロな発達期とマクロな発達期
○極めて微小な変化の蓄積期と質的な巨大な変化期
○相対的安定期と不安定・動揺期（危機期）

身長の伸びひとつをとってみても、あるいは知的発達の面でも、「極めて微小な変化」の時期とともに急激な伸びや「マクロな発達」・「巨大な変化」の顕著な時期があることからして、この対比はひとまず肯定できるでしょう（エリ・エス・ヴィゴツキー「子どもの発達の年齢的区分の問題」『ソビエト心理学研究』、第17と18号所収）。

人間の子は、生理的早産の子として生まれたといわれています。人間の子にはゆっくり発育するという特殊性があるといわれます―それは、読み・書き・計算をはじめとした人間的な重要な能力ほど時間をかけてゆっくり発達させよ、ということでもあると私は理解しています（一年早産説または生理的早産説、A・ポルトマン『人間はどこまで動物か―新しい人間像のために―』岩波新書、1964年参照）。ゆっくりとした発育・発達をたどるが、その道すじは平坦ではなく、起伏や変化があるとしておきましょう。

1年早く生まれたというのは、大人による手厚い庇護《ひご》と愛情なしには生きられないという意味で人間の子にとって生存にかかわる弱点であり欠陥でした。でも、この弱点ゆえに、庇護と愛情の下で言語や感情表現の豊かさなどを他の動物以上に獲得したのが人間の子だったのではないでしょうか。

②発達における量から質への転換（＝発達の節）、およびひとつの節から次の節までの時期（段階）を特徴づけるような主導的活動

前項の持続的であるとともに革命的飛躍的だということは、発達における量から質への転換としてとらえることもできるでしょう。発達をみる際には量的着眼と質的着眼の両方が必要ですが、微小な変化の蓄積から質的な変化（巨大な変化）に転じた時点―例えば這い這いしていた子がつかまり立ちを経て初めて両足だけで立った時など―は、発達の節＝

転換点と言えるでしょう。節＝転換点に注目することによって発達の段階をとらえることが可能になります。

ひとつの節から次の新しい節が現れるまでを発達の「段階」(stage)と称していますが、各ステージにはその期を特徴づけるような「主導的活動」があります。例えば、幼児期後半なら役割遊び・ごっこ遊び活動がこの時期、この段階の主導的活動にあげられます。

主導的活動は、その時期・その段階に時間的・量的に多い活動とは限りません。「その活動によってその段階の人格の全体的特質が決定されると同時にその活動そのものの内部から新しい次の段階を準備　する新しい性質の能力を発生させるような活動」(レオンチェフ)であります。役割遊び・ごっこ遊び活動でいえば、それによって幼児期後半という発達期の「人格の全体的特質が決定される」ほどの不可欠・必須の活動だということになりますが、その意味は、もしなんらかの事情でこの時期にこの活動ができなかった場合にどんなマイナスが生じるかを考えれば理解できるかと思います。また、役割遊び・ごっこ遊び活動のなかで準備される新しい性質の能力や活動とは何でしょうか。あそびの筋だけでみれば、学童期以降に本格的に展開される〝ルールのある遊び〟―ルールに沿って遊ぶことの面白さを体験する活動―が胚胎し(詳しくは次章)、発達全体として見れば低学年での系統的な学習につながる文字や数量への関心がこのあそびのなかで育まれていることは確かでしょう。

ここで、発達の質的転換点を危機期ないし不安定・動揺期とするヴィゴツキーの考え方に触れておきましょう。ヴィゴツキーは、「鋭い危機の形式をとる子どもの発達における転換点」に注目します。それは、「子どもの人格の激しく大規模な進歩、転換、変化、屈折」の集中であり、「先行の年齢で形成されその期の子どもを特徴づけているものの廃棄、圧縮、崩壊、分解の過程が前面にあらわれる」という点で安定期とは著しく異なり、「以前に形成された外面的態度や内面的生活の形式はまるで荒廃したかのようになる」という。そこでは、一見して破壊的否定的様相を呈し、教育困難性が顕著になります。だが、実は、そこには新しい積極的創造の契機がひそかに形成されつつあるのです。〝否定のなかに肯定をみる〟という志向だと言っていいかもしれません。

具体的には、「強情とか片意地な年齢相と呼ばれている3歳年齢の危機」、「新生児期の危機」、「1歳前後の危機」（母体から受け継いだ免疫は切れたが新免疫は未形成という意味でも危機そのものだが、直立二足歩行・歯が生え離乳の完成・言葉の発生という人間的生存に不可欠な資質・形質の積極的創造の同時進行期でもある）などをあげています。

③主導的活動の2つの側面、それら交互の登場

主導的活動に話を戻します。主導的活動には、その性質・特徴からして二つの側面ないしタイプ—互いに絡み合いまとまり合ったつながりを意味する「系」（corollary）という語

で説明されることもある―があるといわれます。

A（活動への）動機や意志・意欲を鼓舞する側面＝新しい意欲・感情の系（意欲・感情の系）

B（活動への）動機の執行を調整する側面＝認識や操作―身体的・技術的操作や知的・論理的操作―の系（認識・操作の系）

A、**B**ふたつの系のうち、子どもの発達過程における主役は**B**、認識・操作の系だとみなされてきました。認識能力、知的・論理的操作と一体の思考力、あるいはそれらと不可分の基礎ともいうべき身体能力・身体技術の能力の獲得の重視が公式・非公式の諒解でした。**A**、意欲・感情の系は、**B**、認識・操作の系の発達の副次的所産ないし**B**を補完する二次的役割を期待されるにとどまっていました。ところが、**A**、**B**両系の発達は対等の位置にあるとの主張が登場します。**A**、意欲・感情の系の発達は、**B**の単なる補完ではないというのです。

１９７０年代初頭、旧ソ連で大胆な仮説が出され、注目されます。心理学者**エリコーニン**（1904～1984）の論文「子どもの精神発達の時代区分の問題によせて」が日本でも論議を呼びました（柴田義松訳、『現代教育科学』１９７２年1月号、明治図書）。この論文に言及した坂元忠芳氏は、二つの系の発達に関する従来からの二元論と平行論を克服して「教育の主導のもとでの、両者のダイナミックな関係を、おのおのの時期区分における主導的な活動の交替という大胆な仮説」として提起したものと評しました（坂元「能力と学力―

〝わかる〟ことについての覚書―」季刊『国民教育』№.73年冬季号)。国民教育研究所の「人格と能力の発達研究会」(チーフは故深谷鋿作《しょうさく》氏および坂元氏)の月例研究会でエリコーニン論文を検討した時の静かな知的興奮を今でも憶えています。

坂元氏はその後、著作『子どもの能力と学力』(青木書店、1976年)において、ルビンシュテインなどにも考察を加えながら意欲・感情の系と認識・操作の系の交替に関して掘り下げた検討を行なっています。

そのうえで「2つの系の主導的活動の交替」に着眼しての発達段階・発達過程に関する試論的な提

図 2つの系の主導的活動の交替

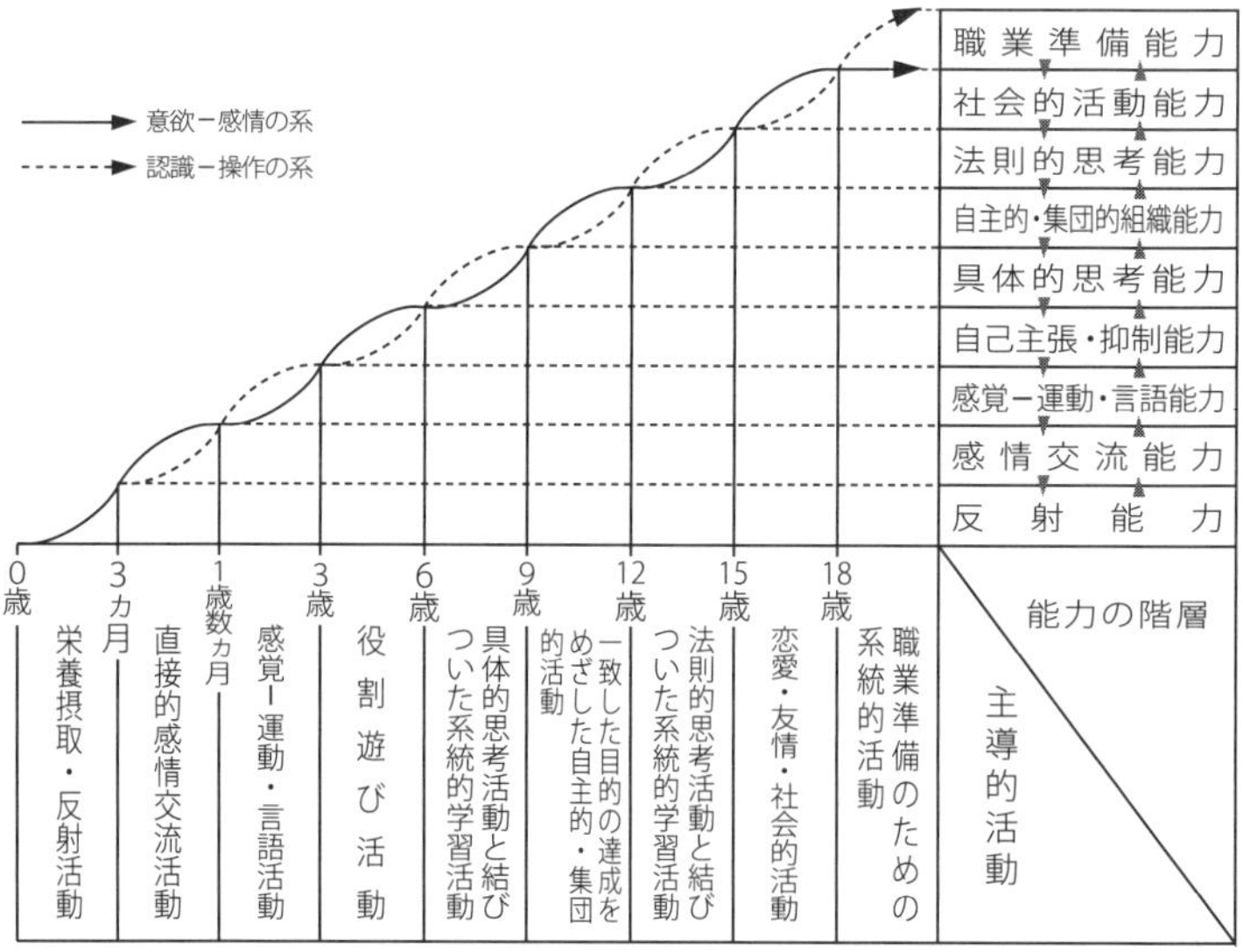

出典:坂元忠芳『子どもの能力と学力』青木書店、1976年、p.128

起を行なっています（図参照）。

この提起は、発達段階に関するひとつの参考的モデルを示したものであり、現実の発達過程は各個人・個体にまつわる諸条件によって、もっと複雑な立ち現われ方をするでしょう。例えば、意欲や感情・感性的自己表現にめざましい変化を示している時であっても、認識や操作面の発達も静かに進行し、一時的にそれが前面にでることなどは容易に起こり得ることでしょう。

時期区分の細部でも個人差があることは言うまでもありません。生後3カ月くらいまでは2つの系は未分化ですが、養育者と乳児の間の安定した人間関係の下で、3カ月目ころから相手の顔を見てほほえむ・笑うなど意欲・感情の系が先ず顕在化し、養育者などとの間での「直接的感情交流活動」が主導的活動として成立してきます。1歳半前後の系の交替後は言語活動の活発化と語彙の急増などが顕著になります。6歳前後に成立する「系統的学習活動」（第一期）は文字言語・数概念の獲得と操作を中心に、直接的経験に基づく具体的思考活動とむすびついた学習ですが、12歳前後から主導的となる系統的学習活動（第二期）は間接的経験をも学習の対象とし、法則を駆使しての思考活動が展開可能となる点で特徴的だと言っていいでしょう（詳しくは坂元氏の同書参照）。

20世紀末から21世紀初頭の発達研究の展開を十分カバーしきれていないですが、○発達には各段階・各時期固有の主導的活動がある、○主導的活動には2つのタイプがある、

○主導的活動の交替時に着目して発達の段階・時期を区分できる、などとする発達段階研究の接近方法自体は今日でも有効だと思っています。

三、ヒトとして生まれ、人格として発達する

①生物としてのヒトから人格へ

新生児から乳幼児期、学童期、青年前期から青年後期などへと進む発達のプロセスは、生物として誕生した赤ちゃんが、誕生したその瞬間から人格的存在へ歩み始めるドラマティックな過程であります。

新生児であれ乳幼児であれ、子どもは、生きる権利をはじめとした人権の主体者であり、人格形成の途上をみずから歩む人間主体です。子どもの発達可能性を引き出す大人の働きかけは、自己形成途上の人格に対してなされる点で他の動物とは異なります。犯罪未成年者更生施設「ゴーリキー・コローニャ」（1920年設立）での教育活動で知られる**A・Cマカレンコ**（ウクライナ、1888～1939）は、（相手が犯罪未成年者や浮浪児たちであるかどうかなどとは無関係に）「人格に対する最大限の要求と最大限の尊敬」――私の大好きな言葉です――が教育的働きかけの本質だと主張しています。

では、「人格」とは何でしょうか。この問題に深入りしすぎると混迷に陥ります。近年

はあまり論じられなくなりましたが、入り込むと、「人格の全面発達とは何か」「全面発達か全体的発達か」など1970年代の議論（川合章 1921～2010 ほか）にも触れざるを得なくなります。先述の「能力の発達と人格の発達」の考察でもこの問題を避けてきました。「人格」は、哲学、社会学、経済学、心理学などの領域でも大きなテーマです。ここでは、「それぞれの科学に固有なアスペクトから人格をとらえる」という**矢川徳光**（1900～1982）氏の接近方法に賛意しておくだけにします（矢川『マルクス主義教育学試論』明治図書、1971年）。

ただ、「人格」に対する教育学のアスペクトからの接近にかかわって、次々章以降の叙述も視野に入れながら、若干の備忘的補遺を箇条書きで記しておきましょう。

○能力の発達と人格の発達、両者の分裂、人格の優位性—これは先述しました。

○（能力の発達においてもそうであったが）人格もまた社会的諸関係の反映である。

○とともに、人格は、社会的諸関係への対応の仕方において鋭くあらわれる。平たく言えば、人格とは、社会的諸関係への対応の仕方、行為・行動の仕方にあらわれる各個人の人間的特質の総体とでもいうべきでしょうか。

○人格発達に直接に資することを目的として、学校教育では教科外の諸活動（「特別活動」）があります。—この点は本書続編等で教育課程（カリキュラム）論をテーマとした時にとりあげます。

②みずから選びとる行為を介して発達する

人格（的存在）へと発達してゆく過程で重要なことのひとつに、みずから選びとるという場面を年齢にふさわしい形でどう保障してゆくかという問題がありそうです。夕食後あるいは昼寝の前などに絵本の読み聞かせをしてもらっている子どもが、「今日は何を読んでもらおうかな」と思案したり、「あしたの日曜日は誰と遊ぼうかな？」「何をして遊ぼうか？」と考えたりすることは、子どもの発達にとってとても大きな意味があるでしょう。

管理主義的傾向が学校でも家庭でも強まっている昨今、乳幼児期、学童期、青年期などのそれぞれにふさわしいかたちで、みずからの意思による選択行為の機会が保障されることの意義を強調しておきたいと思います。複数の選択肢から何かを選びとるなかで、感情、意志（意識・価値意識）などが培われてゆくのではないでしょうか。自主的・自律的な子とは、価値選択における自主性を保持している子どもではないでしょうか。そんな子どもを育てる大人の気配りは幼少時から始まっているのだと強調しておきたく思います。

第6章　子どもの発達に迫る　3

―あそびの発達的意義とあそびの発達過程―

前章までで、発達とは何か、発達の段階・過程をどうとらえるか、を考えてきました。残してきた問題も少なくありません。例えば、感性、意欲や感情などはどう発達するのでしょうか。そのプロセスにはどんな法則性があるのでしょうか。これは、認識・思考・操作の発達過程ほどには詳しく解明されていないのではないでしょうか。また、例えば時間の観念、時間の意識はどのようにして芽ばえ、発達するのでしょうか。「夏休みまでに平仮名も片仮名も全部書けるようになろうね」と小学一年生に語りかけている場面に出合ったりすると、「6歳の子に百日も先まで見通せるかな?」と思ったりします。※

これらのやや個別的な問題も頭の隅に置きながら、ひとまず話を先に進めます。〝あそび〟〝言語〟などジャンル別・課題別の発達に視点を移してみて、角度を変えて子どもの〝発達〟に迫ってみましょう。

※子どもの時間観念の発達に関心を示している研究者に**ルネ・ザゾ**（Zazzo,R. 1910 ～ 1995）

がいます。6歳から12歳の発達を扱った『学童の成長と発達』（明治図書、1974年）ほか。

一、子どもはなぜ遊ぶのか？　―あそび（遊び）とはなにか―

面白さの限りなき追求

子どもはなぜ遊ぶのでしょうか。どろんこで団子をつくったり、汗をかきながら走り回ったり、ごっこ遊びに夢中になるのは何故なのでしょうか。

子どもに関する新しい見方が生まれる近代以前の長い間、子どもが遊びに夢中になるのは、子どもは大人に比べて粗野で野蛮で劣悪な存在だからだとされることが少なくありませんでした（第1章および第4章参照）。※でも、現代にあっては、活発に働きかけ、活動する姿のなかに新たな発達可能性を見出そうとする志向が本流と言っていいでしょう。

※日本の場合は、間引き・捨て子もあったとはいえ、「……まされる宝　子に及（し）かめやも」とうたいあげた万葉集山上憶良などに見られるように、子どもは〝子宝〟とされ、粗野・野蛮・劣悪視される傾向だけではありませんでした。とともに、1960年代「高度経済成長」政策の登場までは「遊んでばかりいないで手伝いなさい！（今では〝勉強〟しなさい！）」と親に叱られていました。あそびは家内労働・家事の下位にあり、発達権と不可分とみなされてはいま

せんでした。

子どもが遊ぶのはなぜでしょうか？

端的に言って、このうえなく愉快で面白いから、でしょう。不愉快で面白くなくなったら、あるいは誰かに仕向けられて仕方なく行なうのであれば、もはや遊びではないのです。〈ヒトやモノに自主的・意欲的に働きかける＝働きかけることによって大いに働きかけられる〉—この最も活動らしい活動による快楽は遊び活動において先ず存分かつ典型的に展開されるのだと言っていいでしょう。アソビの醍醐味は面白さ・快楽の限りなき追求にあります。この追求を通じて発達することは子どもに固有の権利です。

アソビとは何か　—定義的説明—

では、そもそもアソビとは何でしょうか。私は、エリ・エス・ヴィゴツキーの定義を好んで使って説明してきました。彼によれば、アソビとは〈それ自身が目的であるところの子どもの活動〉です。これが、アソビの本質に最もよく迫った定義だと思っています。

この定義の眼目は〈それ自身が目的である……〉にあると言っていいでしょう。「それ自身が目的」とは、アソビは〝使用価値の実現＝何らかの役に立つ〟をめざすものではないことを意味します。アソビ活動によってなんらかの価値が子どもに附加されることは確かでしょう―体力がつく、知力が耕されるなど―。しかし、体力・知力を高めるために遊ばせる、となったら、もはやそれはアソビではありません。結果として体力や知力がつくことと、体力・知力をつけるための手段ないし目的としてアソビをヤラセることとは区別されることが必要でしょう。アソビはあくまでも子ども自身から発する自由な活動、強制されない自発的で自主的な活動なのです。

使用価値の実現をめざすかどうかは、遊びを仕事や労働と区別する指標ともなります。砂場遊びで作るプリンやままごと遊びでのハンバーグは、家事労働でできあがる本物のケーキや料理とは異なって食用ではありません。子どもにとっては砂のケーキやハンバーグ〈それ自身が目的〉なのです。

アソビの多彩な側面と特質

アソビは、ひとつの定義だけでは説明しきれないくらいに多義的で多彩です。いくつかあげてみます。

①あそびとは子どもみずから虚構的世界をつくって活動することだ（ヴィゴツキー）といわれるほど、あそびは虚構（fiction）に満ちています。子どもは、自分とは相対的に独立した実在を意識内に取り込んで虚構の世界をつくり、自身をその中心に据えてあそびの行動を展開しながら客観的実在としての他者を認知（自他の分離）してゆくのでしょうか。※

※ここで少々脱線。赤ちゃんが最初に出会う〝他者〟は誰でしょうか。私は父親ではないかと考えます。280日もの間を胎内で過し、生後も母乳まで吸い取ってきた母親との一体性に比べたら父親は影の薄いヨソ者。そんなヨソ者がより濃密に育児にかかわることで、赤ちゃんにおける自他の分離の積極的な促進がもたらされるのではないでしょうか。

②遊びには、〝子ども世代が創出し発展させてきた子ども文化の享受と継承〟という一面があります。

遊びは文化です。時代と環境の下での子どもたちなりの知恵と技が凝縮された文化です。遊びは、知恵と技を先行世代から受け取り、駆使し、次の世代に伝承してゆく営みなのです。

③遊びは〝おとなの労働を原型とし、大人の労働の模倣から発している〟ことが少なくありません。ままごと遊びは親の家事労働を模倣しており、電車ごっこは鉄道労働者の働く姿に範をとっています。

遊びは、労働への関心・意欲・労働の技術や技能の基底を育む母体であります。とともに、遊びは学習を育てる母体でもあります。

●よく遊ぶ子はよく働く子どもに育つ可能性がある。

●よく遊ぶ子はよく学ぶ子どもに育つ可能性がある。

これら2つの可能性を遊びに期待することが出来るでしょう。ただし、あくまでも可能性であって現実性ではありません。

質と量の両面で豊富な遊びが確保された上で、そうした豊かな遊びから労働およびその前段階・中間過程としての仕事（特に手仕事）と学習とが分化・発展してくることに注目しておくことが重要でしょう。この分化と発展を無理なく実現してゆくことは、幼児期後半から学童期の重要な発達課題のひとつと言っていいでしょう。

④発達全体の流れの中でいえば、しばしば〝あそびは次の発達を先取り的に準備し実現〟しています。

例えば、現実生活ではルールに従わない子どもでも、ままごと遊びやレストランごっこでは、食事前の手洗いや「いただきます」のあいさつはきちんと行ないます。実生活上の各種の行動の型や規律を先ずあそびのなかで訓練して身につけ、やがて実生活自体においても定着する—あそびという〝まわりみち〟を経て会得する—と言っていいかもしれません。

アソビとは何か、アソビの特質をどうおさえるか、興味の尽きないテーマだけに諸家の諸説も多いですが、話を先に進めましょう。※

※教育学関係者の間では、アソビの発達的側面に言及する時は「あそび」を、アソビの文化的側面に関わって発言する時は「遊び」を充てることをならわしとする向きがあります。この小

論でも、あまり厳密にではありませんが、一応使い分けています。両側面の差異を意識しないとき、両側面に共通して言う時、この小論では「アソビ」を使用しています。

二、あそびの発達的意義

あそびは子どもの発達にとってどのような意義があるのでしょうか。ここは、千葉大学での良き同僚・先輩であった故城丸章夫氏などによる整理も参考にしつつ、簡潔にまとめてみます。※

※『講座・日本の教育』第11巻「幼児教育」（城丸・矢川編、新日本出版社、1976年）の編集過程で、たまたま他巻執筆メンバーの私も同席して議論に加わる機会がありました。テーマは「あそびの教育的効果の特質」でした（同書第3章、勅使千鶴執筆の「三、あそび」pp.190～197参照）。

①あそびは、身体の発達、身体の諸能力の発達を促します。―身体の各部位や各器官それ自身の発達と、発達しつつある部位や器官を使って〝何かが出来る〟こと＝と身体の能力の発達とを区別します。

すなわち、

●身体各器官とその機能
●大小さまざまの筋肉群の発達およびそれらをなんらかの目的の方向に統制する力
●雑菌、病気などへの抵抗力を発達させる。
◎〝第2の脳〟あるいは〝外部の脳〟としての手の能力を発達させます。
◎視覚・聴覚・触覚など感覚的諸能力を発達させます。
②あそびは知的諸能力を発達させます。
すなわち、
◎事物や人についての知識とそれら相互の関係についての認識
◎言語・言語能力の発達—●語彙の急増（四歳までにおよそ二万語）
●要求・意思・感情などを言語で表現し伝達する能力
◎数や量についての認識※
◎知的技術の能力—●象徴能力（シンボルを使いこなす能力）
●分析・総合の能力
●推論（洞察）と検証の能力

※また脱線。赤ちゃんが最初に認識する数観念は何でしょうか。「1」ではなく「2」だと思います。いつも世話してくれる母親の目はふたつ。オッパイもふたつ。自分の体幹に付く上肢も下肢も

ふたつ。子どもは「対《つい》を認識する」「対で認識する」(ピアジェ)。保育のなかで歌われた「ふたつふたつ何でしょね、おめめがほらねふたつでしょ、おててがほらねふたつでしょ……おっぱいがほらねふたつでしょ」は理にかなっていますね。数学という科学の系統性「0、1、2……」が子どもの認識発達の系統性と必ずしも一致しないところが面白いです。

③あそびは、人間関係をつくったり、つくりかえたりする能力(交流の能力)を発達させます。遊びは子ども同士を結びつけ、自治能力の基本を育みます。前掲勅使(及び城丸)は次のように述べています。

(あそびは)他と交わる能力を発達させる。言語ならびに「遊び文化」を他と交わる手段として使う能力を高めるとともに、自己を主張したり、他人を誘ったり、約束やルールに乗って行動したりする能力を発達させる。

④あそびは、学習と仕事・労働を分化させる前提としての実務的・技能的諸能力を育て、知識を獲得すること自体への興味と関心を育てるでしょう(前掲勅使・城丸ほか前掲書 p.196参照)。以上4点に加えて、最後に、

⑤あそびは将来の民主主義者を育てる可能性を孕《はら》んでいるのだと強調したい。あそびは、自由の気風を育み、公平・平等など民主主義の最も根幹的なセンスを鍛えてくれる活動だと思いませんか。泥だんごつくりひとつを見ても、なかまに配る団子の数や大きさに不公

平が生じないよう子どもなりに気を配ります。こんな小さな取組みのなかにも民主主義の訓練があるのです。

以上５点は、あくまでも結果として形成されるのだということを強調したいと思います。「あそびは、どこまでも面白さを追求する活動であり」（勅使・城丸）、面白さの満喫の結果として右のような所産がもたらされるのです。ということは、右の諸点は、当初から獲得目標としてカリキュラム化されることになじまないということでもあります。「頭を良くするため」「体力をつけるため」などと称して何らかの特定の「アソビ」を計画的に〝ヤラセ〟たとしたら、「それ自身が目的であるところの」子どもの自由な活動という本旨から逸脱してしまいます。

三、あそびの発達過程をどうとらえるか

では、あそび自体はどんなすじみちをたどって発達するのでしょうか。これも諸家が関心を寄せてきたところです。ここでは、共感するところ少なくない**ピアジェ**（Piaget,J.1896～1980）をひとつの手懸りにしますが、それはあくまでも私なりの展開を容易にするための便宜です。

①あそびは〈機能（的）あそび〉から始まる

ピアジェは、子どものあそびは機能的あそびから始まるとして、それを六段階にわたっ

て詳説していますが（大伴茂訳『遊びの心理学』黎明書房、１９８８年）、これは必ずしもわかりやすい説明ではありません。ここでは、名称はピアジェに借りますが、中身は勝手に自分なりの説明に組み立てなおします。

機能（的）あそび―それは、身体のなんらかの部位や器官の機能を駆使することによろこびを見出して展開される活動だ、と私は言うようにしています。ベビー用の食卓椅子に坐った赤ちゃんが、這い這いしていた時よりも自由になった手を使ってスプーンをわざと落として、ゆびでつかむ↓ゆるめる↓床に落ちた際の音を耳でとらえる……ここでは五本のゆびのはたらきや聴覚機能を使う喜びが見てとれます。スープをわざとひっくり返して流れを目で追っています。いずれも機能あそびです。

幼児・学童期には、走る、蹴る、打つ、吹いたり叩いたりして音を楽しむなどの所作が、時には道具の使用も伴いながら展開され、機能あそびが、それ自体として体育活動的なあそびなどに進化しながら、あそびを構成する一本の太い軸となってゆきます。

②〈象徴（的）あそび〉―なぞらえるあそび―

あそびの第二段階は象徴（的）あそびでしょう。これは、言葉が出るようになってから、直立二足歩行が出来るようになってからのあそびです。

象徴あそびは、なにか（A）を別のなにか（B）になぞらえること、あるいは（A）で（B）を象徴すること、だと言っていいでしょう。例えば、皿に落ち葉をのせて「ハンバーグですよ」、積木をのせて「ケーキですよ」と遊んでいたとします。この場合、落ち葉（A）や積木（A）をハンバーグ（B）やケーキ（B）になぞらえていることになるし、落ち葉・積木（A）でハンバーグ・ケーキ（B）を象徴していることになります。

学童期になると、文字や数など記号を象徴として使いこなすようになります。文字や数は抽象度の高い高度な象徴です。あそびのなかで多様な象徴を使う過程を経てこそ、高度な象徴の存分な駆使も可能になるのだ、と言いたいのですが、どうですか。

③〈役割あそび〉—ごっこあそび—

ひとりで人形に食べさせる真似をしている時は模倣ないし象徴あそびの段階ですが、複数者で素朴な役割分担をしながらあそぶようになると、役割あそび・ごっこあそびの段階に入ったと言えるでしょう。役割あそびは幼児期後半の主導的活動であります。

④〈ルールのあるあそび〉

役割分担は簡単な決まりごとを生み出すようになります。おにごっこは、おにを交替しますし、縄跳びの縄二本で遊んでいた電車ごっこは一周ごとに運転手・乗客・車掌を代わるなど約束を交わします。

ここから進んで、ルールに沿ってあそぶ、ルールのもつ面白さを楽しむようになると、あそびは次の段階に進んだことになります。三角ベース、野球などは、機能あそびであるとともに、ルールに沿って遊ぶあそびの典型とも言えましょう。トランプ、ゲーム類の多くとともに、また、次の工作あそびなどとともに、学童期以降を代表するあそびでしょう。

⑤構成的あそび（工作あそび）

学童期を代表するもうひとつとも言うべき構成的あそび（日本では工作あそびとも呼称）においては、道具の本格的な使用が顕著です。

ところで、道具使用の能力自体はどう発達するのでしょうか。また、使用する道具の種類は年齢の進行とともにどうステップ・アップすべきでしょうか。これは、本書続編等に予定する教育課程（カリキュラム）問題のテーマのひとつでありますが、わが国の教育課程には、幼児期から学童期さらに青年期の教育において系統的に技術の教養・教育のレベルをどう高めて行くべきか、その視点が不明確です。

小学校の図画工作科工作の内容や教材は紙細工プラス粘土細工少々で、3歳児以降の幼児教育の主要な道具でもあったハサミが相変わらず登場します。学童期では木工を主流とし、木に働きかける「カネ扁文字の道具」への習熟が図られて然るべきなのに、著しく立ち遅れています（第4章51頁の「金は木に剋つ」参照）。一歳児のスプーン使用でのカギとなる〝目と手の協応〟が、工作あそびでは木材にトンカチで釘を打つというより高レベルの〝目と手の協応〟へと発達可能なはずなのですが……。

以上①〜⑤は、あそびの発達順序にはなり得ていますが交替して現れるわけではありません。①機能あそび自体が発達しつづけてふくらむとともに、②象徴あそび以下も、それとして発達しつづけながら附け加わるなどという関係でとらえておきましょう。

四、あそびの発達への大人の介入をめぐって

①アソビの指導は「指導しきらない指導」だ

アソビは子ども自身から発して展開されるべきものですから、あそびの指導に言及することにはためらいもありますが、現実に「遊ばない子」「遊べない子」の存在を直視せざるを得ないのも事実です。

「アソビの指導」の必要性を一応首肯するとしても、以下の2点は念頭におかれねばならないでしょう。

●子ども（たち）には、アソビの世界などみずからの世界をもつ権利があります。不用意に介入しすぎることのないように配慮が必要でしょう。

●子ども（たち）の気分が乗って高揚してきたら、いつでも引く用意が必要でしょう。その意味では「アソビの指導」は、「指導しきらない指導」であり、学習の指導などとは性格を異にします。計算指導などの例を出すまでもなく、学習の指導の場合は、基本的には指導し尽くすことが当然となります。

②遊び文化の指導とアソビ集団の指導

「アソビの指導」には、遊び文化の享受・創出の指導とアソビなかま・アソビ集団をつくり発展させる指導という二面があります。独楽（コマ）のまわし方の伝授と「なかまに入れて……」と言うこと・受け入れることが出来るように働きかけることなどです。

③他のカテゴリーとの境界領域の活動も旺盛に

アソビとの境界領域に位置しつつも他のカテゴリー（範疇《はんちゅう》）に属する諸活動―大人からの手助け・支援の下に展開される諸活動（絵本の読み聞かせ、ストーリー・テリング、劇遊び、紙芝居づくりなど）―も旺盛に繰り広げられていることが、アソビのひろがりにも資することになるでしょう。

④テレビゲーム機器はアソビか？

最後に、大人を悩ます現実的に大きな問題のひとつであるテレビゲーム機器をどう見るかを考えてみましょう。長時間の没入、前頭葉のごく一部分の血流だけが激しくなっている状態などが言われます。「ゲーム脳」状態という表現が話題になったこともありました。長時間の没入により、各時期相応に経験させたい他のアソビなどが取組まれないで終わってしまうことも無視できないようです。多くとも週20時間以下にとどめるべきで、25時間を越えると憂慮すべき事態が現実化するといわれたりもしました。

既に述べてきたアソビの定義などにてらしてみた時、これらもまたアソビに含まれると考えるべきでしょうか。使用価値を生み出すことを目指していないし、行為それ自体が目的という面も無きにしもあらずかもしれません。

いろいろ私も考えてみました。行き着いたひとつの結論は、「中毒」という概念です。悪いとわかっていても抜けられなくなる、何もわからずにいつのまにかハマってしまう――中毒には両方があるようですが、いずれにせよ「中毒」からどう救出するか、その術を考えなくてはならぬときになったようです。

アソビの醍醐味は集団でのアソビ、野外でのアソビにこそあるが、一面的・教条的にならないで、ひとりアソビや室内アソビも然るべく位置づけるべきこと、自由アソビと課業の関係など考えたい問題が他にも多くありますが、他日を期することとします。

第7章　子どもの発達に迫る　4
―子どもの知的・人格的発達と言語―

一、発達にとっての言語・言語能力

①猿は人間にならなかった?　―ヒトはヒトとして進化し言葉を獲得してきた―

人類史的に見れば、言語は、樹上の猿が地上に下りて直立二足歩行をするようになってから生まれたとされてきました。とりわけ、獲得した〝自由な手〟による道具の使用を通じての労働の過程で発生したとされています（F．エンゲルス『サルが人間になるにあたっての労働の役割』岩波文庫、大月文庫ほか）。労働をはじめとした実生活のなかに言語発生の源泉を見出す一世紀以上前のエンゲルスの見解に大筋で異論はないとしても、「猿が人間になった」とする見方は今日でも妥当でしょうか。

人類はチンパンジーやゴリラと同じ霊長類に属しますが、進化の過程は別々です。発達学者の正高信男、認知科学者の辻幸夫両氏は、「この十数年で飛躍的な展開を見せて」いる「化石からの人類進化の謎解き」にも言及しながら言います。

ときどき誤解されることがありますが、生物学的分類からもわかるように、チンパンジーやゴリラは人類の祖先ではありません。現在わかっているデータからは、おそらく700万年以上前にゴリラそしてチンパンジーのような類人猿（Apes）の祖先と分岐して、別々に進化の道を歩んできたと考えられています。（正高・辻『ヒトはいかにしてことばを獲得したか』大修館書店、2011年）

●700万年以上前……類人猿の祖先から分離、そして●440万年前……直立二足歩行開始、としています。

（猿から進化したのではなく）猿とは異なるヒトして固有の進化を辿ったこと、ヒトはあくまでもヒトであって「猿が人間になった」のではないことは人間の子の一年早産説を唱えたポルトマンなどにも示唆を見ることができます（第5章参照）。

また、数年前のヒトの遺伝子全体構造（ヒトゲノム）の初めての解析では、ヒトに最も似た遺伝子構造をもつ動物は猿ではなく、体型も全く異なる豚であることが判明し話題を呼びました。

言語の発生が440万年以上前の直立二足歩行の成立以降であることは確実としても、発生時期の推測や特定はきわめて困難です。先へ進みましょう。

②言語・言語能力獲得の発達的意義

言語を獲得・使用する能力を身につけることは、人間発達にとって極めて意義深いものがあります。

3点から迫ってみます。

①言語はコミュニケーションの有力な手段

アメリカの教育学者**デューイ**（1859～1952）は「言語はコミュニケーションの手段である。ただそれだけである」と言い切っています（J.Dewey "Democracy and Education" 1916）。実生活において目に見える形で〝役に立つ〟言語行動や事柄をこそ評価するという独特の言語観を見ることができます。コミュニケーションには、乳児期などにおける情動的交流をはじめとして非言語的疎通もあり、それはそれとして発達的意義は大きいですが、言語を得ることによって感情・要求・意思などの伝達と交流は格段に広がり、より多彩・多様に展開される可能性が深まることは確かでしょう。

②思考する力・学習する力としての言語

言語は、思案・思考を人間内部にはぐくみ、自発的に学習を展開し深めてゆくことを可能にしてくれます。学力の基底と中枢を成すのが言語だと言っても間違いではないでしょう—学力論の詳細は次章で。

プラグマティズムの思潮が濃厚なアメリカの心理学・教育学が実際生活に〝役立つ〟コミュ

ニケーションという言語行動に注目する向きが濃いのに対して、日本では「学力」に引きつけて言語をとらえる傾向にあるともいえましょう。一般庶民レベルでも、子が机に向かって読んだり書いたりしてさえいれば「勉強している」と安心することがしばしばです。

２０１０年代の新学習指導要領が小学校低学年で国語重視（1年生の週25総時間のうち3分の1近い8時間が国語時間に充てられている—これは次章以降でも取り上げますが、無謀・無茶としか言いようがありません）、各学年の国語時間以外の各教科でも言語活動強化という特異な事態をみせていますが、根底には言語能力、イコール基礎学力とする把握がありそうです。

こうした逸脱があるとしても、言語能力を学力の根底にすえること自体はそれなりに正論でしょう。

③言語は子どもの内面世界を耕し、行為・行動の自律と「心の規律」の保持を可能にする

子どもが言語を獲得することの発達的意義は、より多彩なコミュニケーションの展開可能性、知的な認識・学習の諸能力の開発に加えてもうひとつありそうです。

フランスの教育学者・心理学者・医師で20世紀初頭に高まる新教育運動のリーダーの一人でもあった**アンリ・ワロン**（Henri Wallon,1879～1962）が、言語が「心の規律」を創り出し保持することをさりげなく示唆している記述に出会い、興味を覚えた記憶があります。波多野完治編訳『精神発達の心理学』（大月書店）に出会った学生時代のことです。

他者からの働きかけや刺激が、どんな反応や行動を呼び起こし、それらの反応と行動が現

実生活を高め変えることにどう〝役立つ〟ことができるかに関心を寄せるのがアメリカの心理学・教育学であるとすれば、フランスの場合は行為・行動を生み出した人間内部の心やからだの動きに目を向ける点で特徴的だという波多野非常勤講師の授業に共感したことでした。

言語が「心の規律」の保持に関係する―これは言葉の発生前後から3、4歳ころの幼児を見ているとよくわかります。「(その) ミニカー、次 (は) 僕に貸してね」と言える子は、コミュニケーションルールを身につけているし、ミニカーが空くまで待つことができます。からだの発育に比べて言葉の発生の遅れ気味の子の場合などでは奪い合いになって咬みつき行為が生じたりします。「暑い。喉かわいた。麦茶ちょうだい」と言える子は麦茶を出してもらうまで待つことができますが、言葉の出ない子は不機嫌になったりします。働きかけて結果が出るまで待つことができるかどうかに言語がかかわっていることがわかるかと思います。

言語には、外に向かって声として発せられる外言のほかに、外部に対して音声や文字となって現れない〝内なる言語〟内言があります。内言は、考え事をする時などに生まれていますから前項②「思考する力・学習する力」でもありますが、「お母さん、今日は疲れていて機嫌わるそうだから、お小遣いもらう話は止めておこうかな」など、状況を判断して行為を調整する力ともなります。

内言は幼児期後半4、5歳ころから学童期にかけて急速にふくらみ、子どもの内面世界の形成に寄与すると思われます。外言だけでなく、子どもの内言を聴き取ることができることは、親・教師・保育者など子どもにかかわる大人に不可欠の資質でしょう。

二、言語能力発達の性格、その一般的特徴

子どもの知的発達、人格のすこやかな発達にとって言語・言語能力をわがものにすることの意義をこのように捉えたうえで、言語能力発達の過程をどう捉えるべきかを考えてみましょう。各論的な検討に入る前に、言語能力発達全般に共通する2つの点を確認しておきましょう。

○言語能力発達の総合的性格　―言語能力だけが飛びぬけて発達することはない―

言語・言語能力発達は、多彩かつ豊かに展開される子どもの発達の重要な一翼・一側面であるとともに、あそびを初めとした実生活の中での子どもの全活動・全発達の総和の所産であります。きわめて総合的な性格を帯びていると言ってもいいでしょう。

他の発達に先がけて言語能力が飛びぬけて発達することは絶対にありません。身体的発達（身体各部位や器官の機能の発達、及び各部位や各器官を何らかの意図や目的に向けて制御する能力の発達）、知的な発達や人格全体としての発達と相互に密接に関連しつつ言語能力の発

達も進行します。身体発達との関係ひとつをとってみても、大小無数の筋肉群のなかでも〝最も薄い筋肉〟＝声帯を意識的に制御することで意味のある言語発声が可能になるのであり、話し言葉の使用自体が腹筋や胸郭の意図的統御を伴う身体運動全身活動でもあることがわかります。※

※「声帯」に関連して蛇足。作曲家服部公一氏は、既に1970年代後半に、幼稚園・保育園に出向いてみずから確かめた結果として「音の音域が昔に較べ、かなり低い子がおおくなったのではないか」「幼児の声といえば高い軽やかな、文字通りかわいい声の代表だったが、このごろは幼児だてらに低音の魅力というのが耳につく」との興味ある指摘をしたうえで、「『人間の生活が向上すると幼児の声が低音化する』というテーマで博士論文を書くお医者さんはいないものであろうか」という興味ある問いかけをされています（服部公一『音楽のある風景』朝日新聞社、1978年、pp.32～33）。そういえば、「君が代」も高低差の激しい難曲ですね。もうひとつ蛇足。体温の上がらない「低温」の子の増加が言われ始めたのもこの頃からでした。

○言語能力発達は大人からの意識的働きかけと子ども相互の働きかけを通じて実現する

言語・言語能力発達は、それを可能にする言語環境を子ども一人ひとりに確保する大人の役割が果たされてこそ、現実のものとなります。

子どもにおける言語の発生と発達は、自然成長性に任せては限界があります。実生活のなかで、保育や家庭教育・学校教育をとおして、大人との交流や大人からの意識的な働きかけが旺盛に展開されることによって現実のものとなります。

また、アソビなどを通じて子ども同士が相互に働きかけあい、それを見守りつつ必要に応じて適切に関与する大人の存在も重要でしょう。

三、言語発達のすじみちをどうとらえるか

保育・教育実践と天野清氏・田中昌人氏らの先達に学びながら、子どもにおける言語・言語能力発達がどんなプロセスを経て実現されるか考えてみます。

①言語発達胎動期―大人との安定的関係―

子どもが意味のある単語を発することができるのは、生育環境のちがいなどによる個人差はありますが、1歳の誕生日前後でしょう。でも、それ以前の1年間がとても重要な意味を持ちます。

新生児期の子どもの特徴として極度の筋緊張（トーヌス、tonusu）をあげることができましょう。両拳《こぶし》を握り締め、全身に力を込めている姿は全身の筋肉の緊張そのものです。母親・父親・保育者など特定少数の養育者からの言葉かけと多彩な働きかけにもとづく安

定的な人間関係が、緊張を少しずつほぐしてゆきます。H. ワロン（前掲）は、大人からの働きかけによるこの時期の情動的交流がその後の感情・感性の発達など人格形成に及ぼす影響は計り知れないとして極めて重要視しています。

養育者との安定的な関係の下で生後2カ月ころまでにトーヌスも次第に弛緩《しかん》して乳児の活動性が顕著になり、3カ月目に入る頃からは相手の顔を見てほほえみ始めます。

◎目を見てほほえみ

← これに声が伴《ともな》ってくると……

◎握り締めていた拳が開き、親指が他の4本から離れて、モノに触り始める。―ヒトのゆびは親指と他の指とが垂直に向き合う関係にある点で特徴的であり、親指が離れると手指の複雑な行為が可能になります

②0歳後半~1歳半の驚異的発達と言語の発生

大人との安定的な関係を基礎に展開される乳児期後半から3、4歳児期に至る発達は驚異的です。生涯の中でこれほどまでに劇的な変化・発達を見せる時期はないのではないかと思われるほどに〝無限の発達可能性〟を顕現してみせます。※

※〝無限の（発達）可能性〟という表現はしばしば誤解されています。劣悪な環境を余儀なくさ

れたり、重い障害を有しているにもかかわらず、適時に適切な対応がなされないようなケースでも「どこまでも伸びる」などということではありません。「どこまで発達するかをあらかじめ予測することは困難であるという意味で〝無限〟なのだ」と正確に解することが重要でしょう。

ⓐ 3つの偉大な驚異的達成

3、4歳までのうちでも、とりわけ0歳後半からの約一年間の発達は急激です。それは〝3つの偉大な驚異的達成〟とでも言うべき様相を帯びます。

まず1つは離乳の完成です。それは歯の発生と同時進行です。歯が生えることで、食事・栄養摂取が多面的になって身体発達の基盤形成が前進するとともに、発音・発生がより〝人間らしく〟なることが可能になります。次いで現れるのが直立二足歩行の開始とそれによる〝自由な手〟の獲得です。そして第3に、手と全身を駆使しての各方面への働きかけが活発化することで言葉の発生が刺激されます。

図 0歳後半・1歳半頃の驚異的な発達

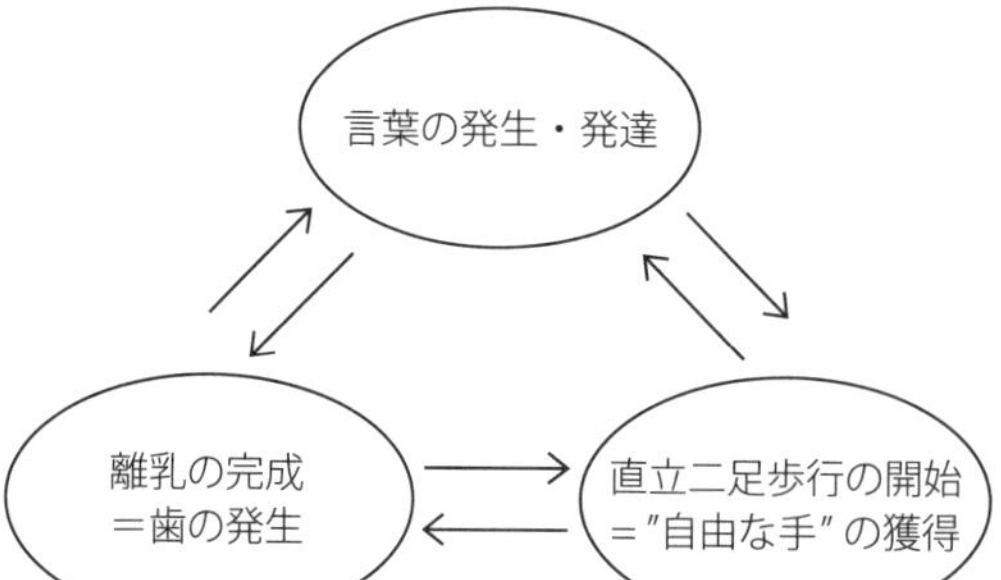

出典：著者作成

（b）身体的操作と言語発達面でこの時期は？

この時期は、働きかけようとする対象に対する手操作・身体操作の発達にめざましいものがあります。

すなわち、

●手操作

←

●模倣動作

←

●対象的行為（自らの意思・意図に沿って、働きかけようとする対象に対して的確に働きかけられる……目と手の協応および道具の使用がポイントか？）という発展が見られます。

音声言語の発達はどうでしょうか。

○前言語（喃語）…「アーアー」「ウーウー」など、

言葉にならない段階の発声。

←

○模倣音…………「ブーブー」「ワンワン」など。

←

○つかまり立ち

←

○ゆび指し行為（9～10ヶ月ころ）……人さし指で指すとは限らない。軽く握った拳を、興味を抱いた対象に向けて突き出すこともある。

←

○単語を発声

首がすわり、寝返りができることなど、途中を省略していますが、時間的な経過の概要はこのようになるかと思います。ポイントは次の2点でしょう。

●二本足で立っても、おや指と人さし指でものを　きちんとつかむことができるようにならないと言葉は生まれない（田中昌人）。

●指さしをしないで言葉が出ることはない（同）。

これら一連の過程の展開はスピーディです。田中氏の指摘のような変化の兆しを見落とすこともあり得ましょう。でも、この言語発生のプロセスは、どの子どもも必ず辿る法則的なものです。例外はありません。

言葉の出ない子、言語発達障害をかかえた子の教育・訓練にたずさわる人たちは、あそびや工夫をこらした粘り強い働きかけを続けるなかで、ようやく指さし行為が出てきた時、その子に集中的に言葉かけをします。りんごを指し続けていた子が、指または手で指しながら「り・ん・ご！」と劈《つんざ》くように発したときは感極まると聞きます。

言語が生まれようとしている時期はまた、●身ぶり、●言語的サイン、●（ぬいぐるみにもスプーンで食べさせる真似をするなどの）シンボル機能の発現などの伝行為の発達が際立っています。

③二語文が始まる1歳後半以降、および就学前期の言語

（a）一語文期から二語文へ、さらに複文へ

3つの〝驚異的達成〟を一応成し遂げた1歳半前後は発達のひとつの節目《ふしめ》にあたると見ていいでしょう。「認識・操作の系」の発達が前面に出てきます（第5章 p.62「主導的活動の2つの側面、それら交互の登場」以下参照）。とりわけ言語的認識・表現がふくらみ、3歳末までに獲得する語彙は約2万語に達するといわれます。中学3年間で学習する外国語語彙数が学習指導要領では1200語程度に設定されていることを考えても、母国語とはいえ幼児期前半で2万語をわがものにするというのは大変な営みだと思いませんか。

1歳後半になると、単発の言葉だけではなくて二語文が出てきます。この時期の大人の役割について教育学者の天野清氏は、一定の状況下であいまいに不規則に発せられる子どもからの信号・情報に対して、「確認、拡充、意味」づけをしてあげることが重要だと強調しています。「ヒコーキ!」と叫んだら「飛行機、飛んでるね」、犬を見て「ワンちゃん!」と言ったら「ワンちゃん、ねんねしてるね」「ワンちゃんもおやつ食べたいのかな?」と

返すといった大人の対応が子どもの言語圏を育てるのではないでしょうか。

「ワンちゃん、ごはん食べた」「わたしがやる」などの二語文が生まれるとやがて複文が出てきます。「ママがスプーンくれないから、こぼしちゃったんだよ」などと、子どもなりに理由とその根拠づけをしたり、因果関係をこじつけようとしたりします。

注意してみていると、「結局……」「ちなみに僕は……」などの接続詞、時には副詞が飛び出てくることがあります。大人の会話を応用しているのでしょうが、そんなときは「『結局』とか『ちなみに』……面白い言葉を知ってるね」とほめてあげるといいですね。

(b) 幼児期後半就学前(4〜5歳児末)の言語

この時期に関しては実践・著作が多数あり、あえて言うことは少ないです。2点の確認にとどめます。

●子どもの言語行為の場が急速に拡大する時期です。家庭から近隣の地域へ、幼稚園や保育園での異年齢のなかまとの交わりのひろがりへ、と進みます。遊び、手伝い、絵本の世界などがふくらみます。子どもが自身での経験をさらに広げられるように、それを言語で表現するように仕向け、援助してやることがおとなの重要な役割となってきます。

●内言のふくらむ時期であることも銘記されるべきでしょう。活動範囲や言語行為の場のひろがりは、外言の多面的な展開をもたらすとともに、なかまや大人との軋轢もふえるなかで自らへの問いかけと内言による反すうを多発させ内面形成を刺激します。

四、文字言語の問題

最後に、文字言語の問題があります。次章以降に予定する「学力」論および「教育課程・カリキュラム」論の中で扱うこととし、ここでは今までの論述の展開とのかかわりで二、三の言及をするにとどめます。

言語と発達のかかわりを考えるとき、私は究極的には〝書く〟という営み=文字言語の力を重視します。それは、「書き言葉の中でこそ思考が発達する」（シャルダコフ『学童の思考』訳本では大橋精夫訳、明治図書1971年）という思いを、自身も研究活動や学生の卒業論文作成指導などを通じて強く抱いてきたせいもあります。※

※ 第2次大戦直後に生活綴方の復興にかかわり、「西多摩プラン」などのカリキュラム改革・新社会科の実践で知られる今井誉次郎氏は、戦前生活綴方の遺産を再照射しつつ、シャルダコフの同書の共同学習を通じて生活綴方理論の再構築を図ったと語っています―『今井誉次郎著作集』(合同出版、1977年)、今井『農村社会科カリキュラムの実践』(牧書店、1950年) ほか参照。

ただ、書き言葉・文字言語の問題は、主要には学童期とそれ以降の、話し言葉とは異種の問題であります。究極において〝書く力〟を重視するにしても、言語発達のそもそもの原点・出発点である話し言葉の使用や聴き取る力（次章で言及）、身体操作の諸能力などの発達の不十分なままに文字言語の生硬《せいこう》な早期詰め込みを図るようなことがあれば、弊害あるのみでしょう。重要であればあるほど話し言葉への十分な習熟という〝回りみち〟、あそびなどの諸活動をたっぷりこなすという〝回りみち〟が欠かせないことを強調しておきたいと思います。

第8章 補論・生きることとからだ

一、からだとは、骨が豊かということ

「体」と「體」

「からだ」は、漢字では「体」と書く。だが、「体」の字を充てるようになってからまだ70余年しか経ってない。古くからあった「體」に代わって「体」を用いるようになったのは、第二次大戦後の漢字簡略化と現代仮名づかいへの転換を機にしてのことであろう。

私は決して旧字・旧仮名信奉者ではないが、「からだ」に関しては「體」の方が含蓄があると思っている。「体」は、「からだ」は「人」の「本（もと）」だと示唆している。そのとおりであって、決してまちがいではない。しかし、いまひとつリアリティに欠ける。他方、「體」は「骨」が「豊か」と読める。からだとは、骨が豊かな状態を指すのだ、と言わんとしている。これほどリアリスティックで本質を衝《つ》いた表記があるだろうか。

私は戦後新教育の下で育った世代である。「體」という漢字は知るよしもなかった。からだを丈夫にきたえておくことは人間の本（もと）をつくることなのだ、と信じて疑わなかった。それが、歴史、特に日本教育史の史料などを読むようになって、ある時「體」に

接した。ながめるともなくながめているうちに、「體」の意味が読めてきた時は、思わず感嘆の声を発しそうになった。戦後初期の国語・国字改革は全体としては積極的な意味を認め得るとしても、個別的には、東洋的な発想や着眼を抹消してしまうような「改革」もあったことは否定できない事実であろう。骨偏《ほねへん》のついた漢字には「骸」や「髄」などがあるが、そう多くない。その数少ないひとつで味わいの深い「體」が消えたのである。

からだづくりは骨づくりから

丈夫なからだをつくる中心的な問題は、丈夫な骨格・丈夫な骨をつくることではないだろうか。家をつくる際に太い丈夫な柱を用意しての組み立てがポイントになることと似ている。柱を立て、棟《むね》や梁《はり》を組み立て終えて、建前《たてまえ》を祝う気持ちはよくわかる。基礎・土台の工事を終えて建前がすめば、家づくりの根幹ができあがったことになる。火災にあっても柱・骨格は残って形をとどめることも少なくない。

あまり適切な例ではないが、人間が生命を閉じた時も最後まで残るのは骨である。ながい闘病生活を経た重篤の患者を看取る時、健康時とは異なってあまりにもリアルに眼《ま》の当たりにさせられる骨太の骨格は、その人の労働生活のたくましさと懸命に生きてきた日常生活活動の厳しさを彷彿とさせてくれる。そして、その生命の灯が尽きた時、周囲の者は、火葬の後に残された骨をその人の〝分身〟として手厚く処する。なお、火葬、水葬、土葬のそれぞれの由来の詳細は知らないが、いずれも〝自然に還る〟という点では共通している（インドではこの３種の葬法に林葬を加えて四葬《しそう》としているという）。※

※チベット・インドの一部にはこのほかに鳥葬《ちょうそう》がある。死体を断崖絶壁上や野に置いて鳥に食わせる葬法だが、１９８０年代頃から、タカなどの猛禽類がヒトの死体を好んで食べなくなる傾向が見られ、話題になったことがある。抗生物質や添加物などで〝汚染〟された人体が鳥たちの味覚に嫌われ始めたのかもしれないと言われたりしたのだが、日本や欧米など〝先進〟諸国の人体はもっと不味いかもしれないと思ったことであった。

話が横道に外れた。「生きる」ことの意味をとらえなおすには〝死〟をどう見るかが避けて通ることのできない問題だが、これ以上の深入りは控えておこう。

家づくりの骨格は大工の手でなされるが、人間と他の動物は、母体からの栄養摂取と大人の保護や援助を受けながらではあるが、自力で骨を発達させてゆく。そして、骨を発達させ、骨格をつくりかえながら、人間の子は人間として生きてゆくに必要な諸能力を身につけてゆく。乳児の首がすわり、腹這いができるようになり、つかまり立ちから直立二足歩行ができるまでのプロセスひとつとってみても、骨の発達を中核に、首の筋肉や腹筋・背筋など筋肉と筋力の発達、骨片を相互に連結・結合し関節を強化したり骨と筋肉をつないだりする靭帯の発達を注目しないわけにはいかない。

人間にとってこれほど重要な〝骨〟を等閑視してきたのが、「體」が「体」に代わって以降のからだをめぐる大きな問題のひとつではないだろうか。ボディビルによって見栄えのする筋肉群を手っ取り早く作ろうとする者はあっても、それ以前の、筋肉に覆われて見えないからだの内部での時間のかかる営々とした営みとしての骨の形成・発達に目を向ける者は少なかったのではないだろうか。

骨をダメにするもの

骨もからだも、運動し使うことによって発達する。しかし、運動しすぎ・使いすぎは、骨とからだを損なうだけである。歴史的には、子どもは、あそびと家業など労働への参加によって骨とからだをつくってきた。その過程では酷使による健康破壊もないわけではなかった。

1960年前後に始まる「高度経済成長」政策の本格化と受験競争の激化以降、日本の子どもたちは、仕事・労働から疎遠にされるようになり、そこから身心の発達をめぐる新たな問題も派生するようになった。だが、産業革命期に典型的にみられたような過酷な児童労働による健康破壊の歴史から一応解放された。

しかしながら、1970年代に入ると、スポーツ系部活動の過熱が子ども・生徒のからだを直撃した。スポーツの興隆・普及によって青少年の体位は向上したが、使いすぎによる関節の損傷や疲労骨折をはじめとする骨の傷害が黙視し得ない事態としてひろく見られるようになってきた。この点は城丸章夫・水内宏編『スポーツ部活はいま』(青木書店、1991年)所収の原瀬瑞夫整形外科医師・スポーツドクターによる「スポーツ少年のからだの実態」(第4章)をはじめとした各氏の論稿をぜひとも参照されたい。

骨とからだの発達に欠くことのできないものは、運動し使用することとともに、カルシウムをはじめとした骨の成長に必須の成分の適切な補給である。ここでは、この自明の理に背くような施策が「高度経済成長」期以降に平然と採られてきたことを指摘しておきたい。

かつて、社会学者見田宗介氏が「高度経済成長」期の日本の青少年の砂糖摂取量の変化について興味ある一文を書いている(毎日新聞1981年8月18日)。見田氏は、宮沢賢治の詩「雨ニモマケズ」のなかの一節「一日ニ玄米四合ト味噌ト少シノ野菜ヲタベ」の「玄米四合」が戦時中の教科書では軍部の圧力によって「玄米三合」に書き換えられて(戦争中の米の配給が大人一人あたり二合七勺しかないのに「四合」では不都合と軍が考えたため)、長い間「一日ニ米三合ト味噌ト少シノ野菜ヲタベ」と記憶させられていたことを指摘したのち、「こそくなことをするものだと思うけれども、おなじような例は戦後にもある」として次のように述べている。

すでにいろいろなところで問題になって『子ども白書』にも書かれているが、中学・高校の家庭科教育で献立学習の基準となっている砂糖摂取量の問題をみよう。１９６２年に砂糖の消費量は平均一人一日あたり12・９グラムであった。それを１９７０年には一挙に50グラムにふやすべきだとされたことがある。カルシウムの不足しがちな日本人の食生活で50グラムも砂糖をとれば、骨や歯に悪影響がないはずはないと考えた家庭科の教師たちが、これを作成した国立栄養研究所の担当者に栄養学者としてどうなのかと質問したところ、担当者自身も「いや、これは、こんなにふえちゃあ自分もまずいと思っている。まずいけれど大蔵省のほうからそういう要請があって、しようがなしにこういう数字を考えたんだ」と回答されたという。当時日本では砂糖を業界が輸入しすぎて５カ年分も在庫がたまり、その処分に経済官僚は頭をいためていたのである。

玄米の一合削減は軍部への追随であり、砂糖の一挙四倍増は財界への迎合である。一方は消費を抑制し、他方は消費を拡大する。方向は正反対にみえるけれども、生徒の心身の成長にとって何が必要かという観点からでなく、その時々の権力の政策によって真実が勝手にゆがめられている、という点は変わっていない。（見田「玄米３合と砂糖50グラム――教科書をゆがめる政治」毎日新聞１９８１年８月18日）

砂糖の在庫を減らすために子ども・国民の食生活をターゲットにするというのもひどい

話だが、この施策は完璧に達成された。教科書の書きかえだけではなく、東京オリンピック（1964年）前後から各家庭に急速に普及したテレビのコマーシャルを通じ、あるいは、缶ジュースなど清涼飲料水の大量販売を経て国民の味覚は変えられていった。喫茶店のコーヒーにスティックシュガーがつくようになったのもこのころからである（昨今のように6〜8グラム程度――21世紀のこんにちでは3グラム――のものではなく、当時は一袋12グラム前後のものが多かった）。さきの見田氏の指摘にある1962年の一人一日あたりの摂取量12・9グラムは年間にして4・6キログラム、1970年の目標値50グラムは年間18・15キログラムにあたるが、その3年後1973（昭和48）年の実際の達成値はなんと年間一人当たり29キログラムにも達したのであった。1年間に大人も幼児も含めて一人あたり29キログラム（スーパーで売っているあの1キログラムの袋を毎月2袋半）をおなかに叩き込む―考えただけでも恐ろしい数字ではないか！　平均値29キログラムということは、最高値でみれば年間50ないし60キログラムに達していた者も相当数あったことを示している。

砂糖摂取量のピーク値が29キログラムとなった1973年ころから、子どもたちのからだの〝おかしさ〟を指摘する声もふえてきた。たとえば体育学・教育学者の**正木健雄**（1930〜2015）氏は、体内で燃焼しきれない余剰の砂糖を体外に排出する際に身体に必須のカルシウムまでもが一緒に排出されること、骨折をくりかえす子どもの骨のX写真にはあきらかにカルシウム不足の徴候がみられることなどを指摘した。日本生活協同組合連合会が各社の清涼飲料水の中の砂糖分を分析して、たとえばＦ社のオレンジジュース２５０ミリリットルの缶の中に36・７グラムの砂糖（角砂糖7〜8個分）が含まれていることをあきらかにしたのもこのころである。―このオレンジジュースを毎日1缶飲むだけで、年間13・4キログラムの砂糖が体内に入ることになる―。アメリカでも砂糖の中毒的な過剰摂取による身体的精神的弛緩が「シュガー・ブルース」（砂糖病）として問題にされるようになってくる（例えば、ウィリアム・ダフティ『砂糖病《シュガー・ブルース》―甘い麻薬の正体―』田村源二訳、日貿出版社、１９７９年）明治から「高度経済成長」端緒期までは年間３〜４キログラム程度の摂取量にとどまっていたのが、１９６０年代中期〜７０年代前半に狂気の増加を示したのである。この時期に幼少期を過ごした日本版〝シュガー・ブルース〟の世代が、その後子産み・子育て世代となり、21世紀に入って高齢者世代となりつつあるのであ

図 8-1　年間一人当たりの砂糖摂取量の推移

年	砂糖の量
1885（明治18年）	3.0Kg
第２次大戦直後	0.1Kg 以下
1962（昭和37年）	4.6Kg
1966（昭和41年）	初めて20Kgを超える
1973（昭和48年）	29.0Kg（ピーク）
1979（昭和54年）	24.0Kg
1980（昭和55年）	20.0Kg

出典：著者作成

る。ピークの73年末にオイルショックが襲い、その後砂糖摂取量は急減して80年代以降は年間20キログラムを割っているが、まだ異常の域を脱してはいない。

【追記】

図8—1の数字は、ニュース報道等で耳にするたびにメモをしたことによっている。今回の単行本化にあたって、左記のような基本的データに可能な限り当たってみたが、大きな誤認はなかった。

●1947(昭和22)年〜1993(平成5)年は、厚生省「国民栄養の現状」レポート●1994(平成6)年〜2002(平成14)年は厚生省「国民栄養調査」●2003(平成15)年以降は厚生労働省「国民健康・栄養調査」。以上、独立行政法人国民健康・栄養研究所のデータによる。詳しくはhttp://www.nibiohn.go.jp/eiken/chosa/kokumin_eiyou/(2017年7月15日閲覧)

子どもの砂糖をとりあげると怒りをこめて言いたいことが次々と出てくるので、つい長くなった。砂糖はたまたまの一例であって、「高度経済成長」の見かけの〝豊かさ〟とは裏腹に子どもたちの身心を〝貧しさ〟で覆った〝犯人〟は他にもたくさんある。リン酸化合物の摂りすぎによるカルシウムとリンとの均衡の崩壊、塩分、コレステロール……言い出したら切りがないので打ち切る。要するに、子どものからだや心における〝複合汚染〟の解明は、ひきつづき重要な課題であることを銘記して先に進みたい。

二、メーン！　コテ！　ドウッ！
－「第二の脳」としての手、からだのカナメとしての腰－

日本の剣道では、面、小手、胴のいずれかに〝一本〟が打ち込まれたら負けである。考えてみれば、この3つとも、人間が生きていくためのからだの急所である。そして、いずれも、骨に守られ、あるいは、骨を主要な構成体として成り立っている。頭蓋骨に守られた〝面〟は関連して触れる程度として、〝小手〟から考えてみよう。

手で考える

新生児の身体的・生理的特徴のひとつは筋緊張にあるといわれる。フランスの心理学者・生理学者・教育学者で今世紀初頭の新教育運動のリーダーの一人でもあった**ワロン**（Henri Wallon, 1879～1962）はこれをトーヌス（tonus）と呼んだ。トーヌスを象徴的に示しているもののひとつは、新生児の手である。親ゆびを他の四指の中に入れて拳を固く握りしめているさまは、母胎の外に出た直後のこの世の不安を小さな手中にこめているのだとか、母親の産みの努力とタイアップしての子どもなりの渾身の力の発揮の姿を象徴しているのだ、と言われたりする（母子関係の緊密さの起源をこの産みの過程のペアワークに求めるられることさえある）。

母親（時には保育者）など特定少数の養育者による言葉かけや各種の働きかけをもとに大人と乳児との安定した人間関係が築かれるにつれて（ワロンはこの時期の情動的交流が乳児のその後の活動性への刺激と感性・感情の発達にとってもつ意義は計り知れないくらい大きいと強調している）、乳児は自分から相手の顔をみてほほえむようになる。この時、親ゆびを人差し指につけたままであるが、他の四本の指が開いてくる。そして、ほほえみに声が伴うにつれて、やがて親ゆ

図 8-2 つかむ運動の発達

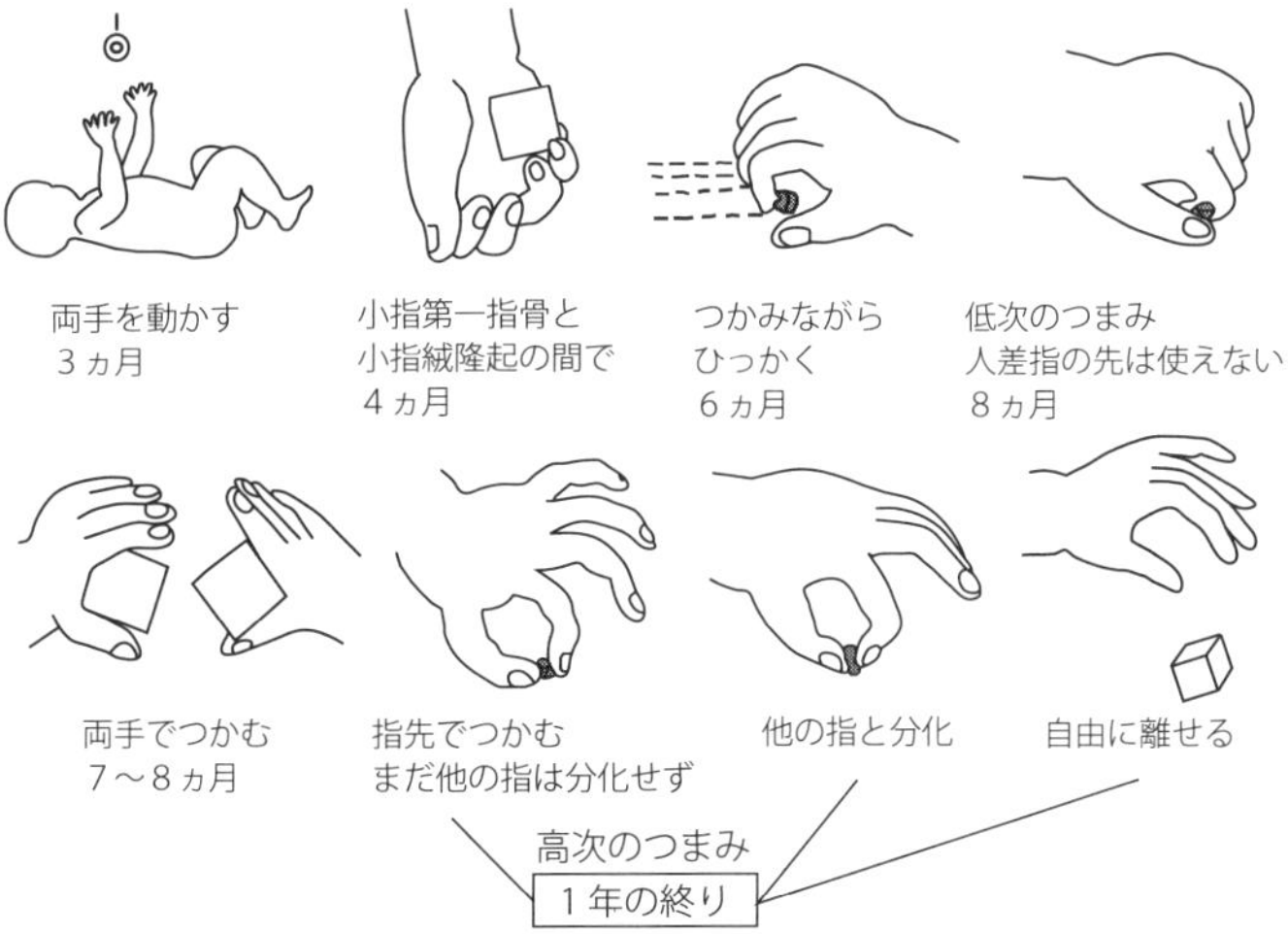

出典：波多野完治編『改訂版・精神発達の心理学』大月書店、1982 年

びが離れることにより、親ゆびと他の指（とりわけ人差し指）とでモノをつかむ活動の活発化、目と手の協応の確実性の高まりがみられるようになる。指でつかむ運動の発達の概略は前頁**図8―2**のようになる（波多野完治編『改訂版・精神発達の心理学』大月書店、１９８２年より。本書はワロンの『児童の心的発展』―"L'Evolution Psychologique de L'enfant"1941―の詳細な解説である）。

頭を支える首・背筋などのトーヌスが発達し、手の働きを支える腕が発達して腹這いやつかまり立ちができるようになり、やがて二本足で立つようになると言葉が出始めるのだが、その際、たとえ二本足で立っても親ゆびと人差指の二本でモノをきちんとつかむことができるようにならないと言葉は生まれない。なお、つかまり立ち（生後9～10カ月ころ）ができても、特定の対象に意識を集中して指さし行為をしないうちに単語が出ることはない。どの子もかならず指さしをしてから言葉を生む。

こうしてみると、手の能力の発達は、身心の発達のある段階におけるそれまでの全発達の総和の所産という一面をもつとともに、言語能力など他の諸発達をひき出す端緒という一面を持つことがわかる。つかむ、はなす、さわるなど指や手の機能の分化と指先の感覚・認知能力の発達、目と手の協応の発達などの過程は、子どもがモノに働きかける過程の拡張と多様化の過程そのものである。子どもは発達しつつある手を使ってモノに働きかけるなかで考え、モノの属性と実在を認知してゆく。文字どおり、手は〝第二の脳〟である。

手が直接モノに働きかける段階からさらに進んで、道具を媒介としてモノに働きかけるようになると、〝第二の脳〟が人間存在にとってもつ意味はいっそう大きくなる。道具それ自体と材料についての的確な知識を得て道具の使用法に習熟する過程で、⑴手順を考えながら計画的に働きかけをすすめる、⑵働きかけようとする対象の性質のちがいに応じて働きかけ方を工夫・調整する、などのことができるようになる。当初、これら⑴⑵の習熟はモノを相手としてなされるが、やがて、ヒトを相手としても試行されるようになるのであろう。

人間は〝頭で考える〟だけではなくて、〝手で考える〟存在でもあることはもっと強調されていい。数字や国語など論理的知的性格の濃いといわれる教科にあっても、案外、手の操作能力は欠かせない位置を占めている。例えば、定規を使って平行線と垂直線が書けるとか、コンパスで正確に円を描くことができるなどの技能があってこそ、平行と垂直、平行四辺形や円の性質などを、納得のもとに深く理解できるといえよう。低学年の子どもが仮名や漢字を覚える際にも手・指の技能が存分に駆使される。しかも、平仮名と片仮名・漢字とでは技能の質は全く異なる。年齢の低い子どもほど、手と全身をつかって覚える。目で見ただけや頭だけで覚えた知識とちがって、手やからだ全体で知った知識はよく定着する。こんにちのカリキュラムでは、知的教科におけるこうした技能の習熟に十分な時間を確保し得ないでいることが少なくない。

古来、日本人は〝手〟に格段の注目を払ってきた。須藤敏昭氏（子どもの遊びと手の労働研究会）もかつて指摘したように、肉体労働をはじめとした人間の所作は決して手だけで行われるわけではないにもかかわらず、日本語では、しばしば、人間の行為・行動の特質や、時には人格的な特質をあらわす際に「手」で代表される表現を多用してきた。「上手・下手」、「得手・不得手」、「手が早い」、「手堅い」、「手のこんだ」、「手を焼く」などなど……枚挙したらきりがない（須藤『遊びと労働の教育』青木書店、1978年）。人間存在にとってそれほど重要な〝手〟の不器用が言われて久しい。

先端志向か、中軸重視か

ところで、手の能力の衰退が言われても危機感の方はいま一歩のひろがりのないままにその後の過程が過ぎたように思われるが、それはなぜだろうか。肝心の子ども自身が衰退と思っていないということもあろうが、日本人の身体観、身体発達観に起因していることもありそうだ。

たしかに日本人は手の能力を重視してきた。しかし、全身から手だけを特別に切り離してみるのではなく、あくまでもからだ全体の動きのなかでの手、の重視であった。「小手先の仕事でごまかす」ことを、最も恥ずべきこととして来た。身体の最先端にあって、働きかける対象としてのモノに直接的にかかわるのが手だが、先端部を動かす身体全体、とりわけ、身体の中軸をなす軀幹の発達が決定的だというのである。

野球でも、捕手—投手—遊撃手（または二塁手）—中堅手、という中軸ラインに強力な選手を揃えたチームは負けないと言われる。からだを考える場合でも、手など先端の働きに注目するか、それとも中軸の軀幹の成立と発達を重視するか、という問題がある。もちろん、二者択一の問題ではなく、中軸をなす軀幹の発達の実現と、最先端の〝しなやかな手〟〝巧みな手〟を確保することとの統一的な推進が求められているのである。「手」については先述したので、以下、中軸の成立と強化に関して若干の考察を加えてみよう。

からだのカナメとしての腰

中軸の成立・強化のカナメは腰である。腰ができあがることによって、身体の中心的な軸が安定的に成立する。

剣道では、中軸の急所に「ドウッ！」（胴）と打ち込まれたら〝勝負あり〟である。「腰」という漢字もまた、みごとに当を得ている。肉体を意味する「月」（にくづき）の「要《かなめ》」と読めるのだ。

俳人**正岡子規**（1867～1902）は絵をたしなむ人でもあったが、絵筆を握ると脊椎カリエスのゆえに腰に激痛が走ったといわれる。でも、絵描きへの熱望は断ち難く、しばしば鎮痛剤を腰に注射してでも、絵筆を離さなかったという。この話をある研究集会で鳥居昭美氏（美術教育を進める会、元高知大学）の発言で知った時、子規という人間の「生きる」ことへの強靭な意志とその内実に感動し、また、身体についての新しい見方を得た思いであった。

絵は、手で描くのではなくて腰で描くのだ。書家は腰で書をかく。保育園児や幼稚園児がお絵かきや鉛筆で文字を書いている姿を見ていると、腰を回転軸とした全身運動としてクレヨンや鉛筆を動かしているのがよくわかる（ただし、シャープペンシルを持たせてしまうと、ゆび先だけで書く小手先の作業に倭小化していく）。野球の打者やゴルファーは、腰の回転を利かせて球を打つ。腰はまさに、肉体のカナメであると同時に、人間固有の諸活動を成り立たせるカナメでもあるのだ。

腰に注目するようになった後、鳥居氏は述べている。

手はさまざまの文化活動をします。料理をつくったり、編み物をしたり、芸術活動からスポーツまでいろいろあります。最近、「手の労働」といって、それの能力を育てることを重視する教育潮流もあります。私もその主張者のひとりであったわけですが、手の働きは全身の末端の運動能力です。ところが最近末端ばかり重視して、中心部の全身運動を忘れてしまう人がたくさんいます。これは本末転倒というべきもので、末端の活動を高めるには全身の活動能力を充実する必要があります。そもそも手だけでする文化活動を日本人は昔から、「小手先の仕事」として軽蔑してきました。腰や腹に力が入っていないような文化活動は本物ではない、そんなものは「小手先の仕事にすぎない」とする価値観をもっていたのです。物をつくる時の道具の使用もすべて腰や腹筋に力がはいるのです。腰に力がはいっていないとほんとうの仕事はできません。(鳥居『子どもの人格形成と美術教育』ささら書房、1981年 pp.64〜65)

腰の形成と発達

腰の形成は人間的諸活動を支える直立二足歩行の成立に直接的にかかわるが、それは生後2、3カ月ころ、重い頭を支えるための首の筋力がつくられて首がすわることに始まる。以下、主として鳥居氏の論述に学びながらポイントだけ明確にしたいと思うが(鳥居、前掲書)、次いで、生後3、4カ月ころ、重い頭を支える首を胴体につなぐ胸の筋力が形成されて、伏せ寝の状態から頭を上げる力がつけられる。また、遅くも3カ月ころまでには開始されている初期の離乳食が4カ月目ころから消化能力と腹の筋力を高め(編集部注・現在では離乳食の開始は生後5カ月頃が推奨されている)、この腹筋の力が「重い頭と腕を支える背骨と腰の骨を結ぶ背筋力との協応で上体の軀幹《くかん》を支える人間の腰を形成」する。そして、重い上半身全体を支える背筋力と腹筋力の形成につづいて、下肢と腰を結ぶ尻の筋力の形成が始まり、5、6カ月ころには、「腰の力を直接形成する最初の活動」として、「これらの筋力を動員して腰を回転するダイナミックな『ねがえり』」がなされるのである。

腰の発達のその後の詳細は省略するが、ゼロ歳児の保育や家庭での養育において、大まかに素描したこの程度のことを知って子どもに接する場合とそうでない場合とでは、接し方や保育姿勢に差が出てくるだろう。十分熟知した保育者・養育者なら、6カ月目ころの「両腕、両脚をバタつかせる『かえるはね』の活動」（鳥居氏）による軀幹と両腕、両脚との結合筋力の強化に注目し、天井を向いて四肢をバタつかせている赤ちゃんに対してややオーバーな驚きやしぐさで応え、励ましてあげるだろう。あるいは、膝の上にだっこしてカエルのように膝をピョンピョン蹴ったり両腕をバタつかせたりさせてあげるだろう。8カ月目ころのひとりすわりの到来を見とおして、7カ月ころから、軀幹を腹で支えて弓なりにそりかえる「飛行機ブンブン」によって腹筋と背筋を強化するようなあそびをとり入れることなどもできるだろう。

腰の形成をカナメとしての身体枢軸の成立を基底として、1歳半くらいまでの〝人間として生きる力〟の獲得は驚異である。この時期までに、離乳が完成して歯が生える、直立二足歩行が成立して自由な手を獲得する、言語が発生し発達するが同時的に実現する。この時期の保育者には、やる気にさえなれば、取り組むべき実践課題や研究課題は山ほどある。

「腰」について私的な蛇足を許していただこう。私が「腰」にめざめたのは鳥居発言だったと述べたが、今おもえば伏線があった。中学生のころ、なにかの祝い事をまえにして姉（三人）が母親に和装をしてもらっていた。最後に帯をしめおわったところで姉が腰の窮屈を訴えると、母親が「腰が浮わついてるところが処女の処女たるの証し。結婚して妊娠し、子どもを産んだら、腰がすわって落ち着き、窮屈でもなんでもなくなるよ」と応える。聞くともなしに聞いてた少年（筆者）は、「そうか、女のひとをみる時は顔がきれいかどうかだけじゃあなくて、腰もみなくてはいけないんだ」と、なにか勝手に新しいことを発見したような気になったものだ。日本人の腰は、かつては、妊娠、出産、それに、学童期から青年期にいたる家業の農業労働などをとおしてすわりを得ていった。21世紀の日本の子どもたちは、どのようにして自己の肉体の要《かなめ》をつくっていくのだろうか。

三、健全なる精神は、健全なる身体に宿らない？

「心身」か、それとも「身心」か？

「身」という漢字は女性がみごもった形を示す象形文字であり、「心」は元来、心臓の形を示す文字で、心のありかが心臓にあると考えられてきたことに由来するという。東洋思想では「心」は身体と分ち難いものとされてきたのである。西洋思想にあっては、「身体」をあらわすbody（フランス語ではcorpsドイツ語ではkörper）は「心」とは分けてとらえる二元論的把握が支配的である。東洋思想には、心と身体、精神と物質とを区別する二元論的な身体観や人間観はない（平凡社『大百科事典』）。

「心」と「身」を二元的に、相互関連性においてとらえるとして、次に「心身」か、それとも「身心」か、を問うてみたい。私自身は頑固に「身心」を多用している。「身」があってこそ「心」がある、と考えるからである。まず「心」があって、しかるのちに「身」があるのではない。学校の教科書のみならず辞書までもが「心身」となっており、筆記試験などで「身心」と書くと誤りとされる例も聞くが、考えてみればおかしい。かつては「身心」が一般的な時代があった。「心身」と書くようになってから歴史は浅いようである。たとえば、禅宗など仏教思想にあっては、「身心」で一貫している。道元の『正法眼蔵』には「身心」は多く出ているが「心身」はない。「凡夫の身心を解脱せるにあらず」（『正法眼蔵山水経』。増谷文雄訳の原文対照『現代語訳正法眼蔵』角川書店、１９７３年では第二巻p.23）とか、「身心をきよからしむべし」（『正法眼蔵洗浄』、増谷訳では、第一巻、p.83）などの類である。

宿る可能性、の問題

「健全なる精神は健全なる身体に宿る」と言い聞かされて育ってきた。身長、体重、胸囲ともに標準以下で、夏休みが終わっても、同じように休暇中あそびまわった他の腕白連中ほどに黒く焼けなかったため、小中学生のころはしばしば、自分を精神的にも不健全であるかのように錯覚することが少なくなかった。

こんにちでは、青少年の体位や体格は格段に向上した。背筋力など一部の例外を別として、体力、運動能力なども飛躍的に伸びた。外見上では、これほどに「健全なる身体」が広範に一般化したことは、史上かつてないことである。ところが、この一般化した「健全なる身体」に果たして「健全なる精神」がひろく定着しているのだろうか。もし定着していれば、青少年の非行、退廃、いじめなどのこれほどまでのひろがりはなかっただろう。今日の不幸は、健全なる身体に健全なる精神が必ずしも宿っていないことにある。

正木健雄氏がしばしば発言しているが、「健全なる精神……」云々は、可能性を述べたまでのことなのである。丈夫な「身」には健全な「心」が宿る可能性が大であるが、丈夫な「身」すべてに健全な「心」が宿るわけではない。また、「身」は丈夫でなくでも「健全なる精神」の持ち主は、身体障碍者の例を持ち出すまでもなく沢山いる。可能性をすべからく現実性に転化させるために、発達の各時期に何をなすべきか、何をしてはならないか、が実践者と研究者に問いかけられているのである。

第9章　あらためて考える〈学力〉とは何か？　1

一、学力―そこに込められた子どもへの期待

学力＝みずから意欲的に学習を推進する力

教育学などの学術用語としてだけではなく、日常生活用語としても広く使われている「学力」とは、そもそも何でしょうか。まず、教育学者の**中内敏夫**（1930～2016）氏著の説明を引いてみます（『学力の社会科学』大月書店、２００９年）。

学力は、性格、特性などと共に、万人のそれぞれにもつ人格の属性のひとつである。……学力とかその土台として語られてきた人格の「形成」とよばれるものが人間だけにひろくみられる特有の現象である点、そしてそうだとするなら、これを創り出す構造もまた人間の生存の場だけに特有に見られるはずのものである点に注目しておかねばならない。

若輩水内も折にふれて「学力」に言及してきました。やや長くなりますが、自分なりの最新の定義的説明を引用しておきます（原聡介・水内ほか編『教職用語辞典』一藝社、２００８年、

項目「学力」)。

(「学力」とは) 素直に定義すれば、学習する能力 (ability to learn) となろう。とはいえ、それは所与の能力としてあらかじめ各人にそなわっているとは限らず、新しい事柄を認識し学ぶ過程で身につく人間の能力という一面もある。すなわち、学力とは、学ぶ力であるとともに、学ぶ過程で達成された人間的諸力を駆使して新たな学びを実現していく能力でもある。……重要なことは、達成の継続・蓄積が自力での意欲的・自主的な学習・習得の新たな開拓の実現につながることだ。そのためには、学習すべき内容の整備とともに、学習の方法 (勉強の仕方) の会得の手立てが周到に仕組まれていることが必要である。

学力は、子ども各人の実生活と深く関係し、子どもを取り巻く歴史的社会的諸関係に規定されているが、学習過程に限れば、認識の能力がその中核をなす (以下、「学習の方法」に言及。後述)。

第4章から第7章までの「発達」の解明において、「発達」は「人格」と「能力」の渾然一体的な相互関係においてとらえ得ること、(「能力」の発達と) 渾然一体でいてそれを超えた「人格」の発達が志向されるべきことを強調しました。右の定義的説明も、こうした「発達」論と軌を同じくしています。「学力」は、一応「能力」のカテゴリー (範疇) に属するとはいえ、他の能力以上に人格形成・人格発達と切り離し難い関係において発達します。子どもは、持てる能力を総動員して対象に働きかけるとともに、その子なりの全人格的行為として対象・素材に立ち向かいます。冒頭に引いた中内氏は、学力は「人格の属性のひとつ」とまで言い切っています。

「学力」には、子どもがみずから意欲的に学習を繰りひろげていって欲しいという親・教師・大人の側からの願いが込められています。そもそも、学力（＝学習する能力）における「学習」自体が自主性・能動性に基づく行為を意味しています。さし迫った受験などを口実に強制されて仕方なく取り組む〝お勉強〟は学習とは言えませんし（強要されて取りかかるうちに目覚めて積極性に転じる可能性を否定するものではありませんが）、好奇心と意欲あふれる学びを自主的・積極的に展開する真の学力はそこからは生まれにくいでしょう。

他力に寄りかかるだけではなく自力で意欲的に学習を発展・深化させるようになるためにはa．基礎的・基本的な知識（認識）や技能の初歩的な獲得・達成（attainment ないし achievement）が不可欠です。ゼロベース状態のままで「自力で意欲的に」はあり得ないでしょう。そして、b．前掲の定義的説明（水内）でいう「学ぶ過程で達成された人間的諸力を駆使して新たな学びを実現していく能力」（＝自主性と意欲性を伴った〝学力らしい学力〟）を子ども各人が我がものとして身につけるためには、認識（知識）をていねいに積み重ねるだけではなくて、認識を自力で獲得してゆくための「方法」の会得が図られねばなりません。

子どもに学習の〝方法〟を――科学の方法（分析総合）の会得で自由・自主・意欲の高まりへ――

先の定義的説明では、「（学力とは）学習過程に限れば、認識の能力がその中核をなす」としたうえで、次のようにつづけております。

……達成としての認識の広がりと深さとともに、自力で認識をわがものとしていく方法（分析と総合、推論と検証など科学の方法、さらにはそれらに不可欠の言語や数にかかわる諸能力）を学力とみなすこともできよう。

子どもがみずから意欲的に学習をおし進めてゆくことができるようになるためには、学習の〝方法〟の会得が必要不可欠です。科学の基本を認識する（させる）だけではなくて科学的認識方法の基本を認識する（させる）ことが欠かせないのだ、などとも言われます。「勉強しなさい！　としつこく言われても、僕には勉強のやり方が分からないのだ」という子どももいます。ここには〝方法〟を身につけたいという子どもなりの願いがあらわれています。

「方法」といえば教授法など教師による教育の方法を指すとされていた時に、早くから子どもの側の〝学習の方法〟にも注意を喚起していたのは「水道方式」の計算指導などでも知られる**遠山啓**（1909～1979）氏でした。

遠山氏のいう「方法」はズバリ「分析と総合」でした。氏は、数学教育はもちろん全教科活動において、教科内容の系統的な指導のなかで「分析と総合」への習熟があわせて考慮される必要を説いていました。なお、先の私の定義的説明では、「分析と総合」で説明十分と思いつつも、「推論と検証」なども含む「科学の方法さらにはそれらに不可欠の言語や数にかかわる諸能力」を付け加えています。

「方法」の会得・習熟の問題は単に教育方法レベルの問題ではありません。「方法」への自覚は、封建・中世から脱却して「個の解放」や「人権」をかかげる近代への志向と一体の動きでした。ドグマ（教義・教条）など絶対的な命題と前提をもとに個別・具体を説明する手法（演繹法）に対して具体的事実や経験の中から共通性や原則を導き出そうとする手法（帰納法）が提起されるようになりました。それは知的・精神的世界における革命ともいうべきものでした。この帰納的方法の先駆者**フランシス・ベーコン**（F.Bacon,1561～1626　ルネッサンス期イギリスの哲学者）や『方法序説』（正確には『理性を正しく導き、もろもろの科学における真理を探求するための方法序説』岩波文庫ほか）を著した**ルネ・デカルト**（R.Descartes,1596～1650　フランスの哲学者・自然科学者）などは、まさに科学的方法の先駆的主唱者でした。さきに子どもは学習の方法の会得を熱望していると言いましたが、この場合の「方法」とは、問題の解き方など技法レベルの事柄にとどまらず、知的・精神的革命の歴史の文脈の中に位置づけて捉えたいと考えます。現実を分析し、諸事実をつらぬく共通的法則性を見つけ出す帰納的方法を我がものにすることは、人間を精神的に自由にします。

二、学力、この古くて新しい問題

「学力（がくりき）あれば、道を忘れず」（西鶴『日本永代蔵』）

「学力」への関心と論議は、日本では古くから見られます。日本人は「学力」好きでした。「学力」という語は、近代学校の成立以前、少なくとも数百年以上前から庶民の間で使われていたようです。

鎖国下でしたが、江戸時代（１６０３～１８６８年）が、二百数十年にわたる戦争や侵略のない時代に入って相対的安定の時期を迎えたころ、**井原西鶴**は『日本永代蔵』（１６８８年）に、知的素養のある（文中では「こびたる者」）ひとりの浪人武士森嶋権六にかかわって、次のように書いています。

……森嶋権六といふ男、すこし、こびたる者にて学力（がくりき）あれば、道を忘れず。かく、やっかいになれる恩賞に、せめてはと思ひ、（世話になっている庄屋の）四人の子共に、四書（儒学の枢要の書）の素読（そよみ）をさせけるは殊勝なり。……（岩波文庫、pp.152 カッコ内は水内。

なお、草書体などの原文に対して岩波文庫版なりに句読点が施されているが、引用に際して句読点に最小限の修正を加えた）

「学力あれば、道を忘れず」に、学力の本質が端的に示されているのではないでしょうか。学力を身につけることは、人として生きる道をみずから把握し確信できるようにしてくれるはずなのです。人格形成・人格発達に地平を切り拓いてくれるといってもいいでしょう。※

※寺子屋などによる江戸時代中期以降の一般庶民子弟の読み書き計算能力などの高い到達度は、黒船で上陸したアメリカ人達が度肝を抜かされるほど驚異的だったようです。ロシア革命（１９１７年）直後の成人を含むロシア人の識字率が10％台しかなくて国家建設の障害となっていた史実なども想起する時、近世日本での高い到達度は対照的です。

私にはとても挑戦不可能なことですが、この時代に算盤《そろばん》で平方根（√《ルート》）を開くことができていたという事実を数学教育研究者の**青柳雅計**（1932～～2011）氏（千葉大学名誉教授・元附属中学校長）より教えていただいたことがあります。近世の西鶴の時代までは、現代のような大規模な受験競争もなく、学力の本質が見えやすかったかもしれません。近代以降こんにちに至る時代は、教育の制度的内容的整備や科学技術の驚異的発達がもたらされる一方で、「学力」を指標として他者を跳ねのけてでも駆け上がらねばならない過酷な排他的競争が全国民的規模で展開されるところとなってしまいました。学力ありても道を知ることとはならない状況が少なからず生み出されてしまいました。

「受験学力」をどう考えるか

「受験学力」について附言しておきましょう。自身の体験に照らしてみても、「受験学力―そこからも何がしかを得られる場合も無しとはしない」という意味で受験学力を全面否定はしませんが、知識の断片の性急な詰め込みとなること、事物それぞれの本質が見えにくくなることは避けがたいでしょう。

受験学力においては、多量の出題に対して限られた時間内に素早く正解を出せる者が「学力が高い」とされます。そこでは、「学力」は〝学習の速度〟の如何の問題に還元されてしまいますが、物事の理由や根拠を問いながらじっくり考えるタイプの子どもは取り残されてしまう危険があります。「マイナス掛けるマイナスはなぜプラスになってしまうのか？借金に借金をかけたらプラスとはどういうこと？」などと考え始めたら脱落しかねません。「氷が融けたら何になる？」と問われて「水になる」と回答しなかったために×（誤答扱い）にされた小学生のことが話題になったことがありました。

「春になる」と答えたこの子どもの感受性が無残な扱いを受けたのですが、受験学力が大手を振っている状況下では珍しくないことなのかもしれませんね。

学力の発達における「保存」の視点

ここまで、自主的主体的に学習する能力という側面に焦点を当ててみてきましたが、別の面からの照射も必要でしょう。それは、ピアジェなども言う「保存」という視点です。学びによって認識を塗り替えてふくらますだけでなく、学習したことが保存されていることが重要になりましょう。必要に応じていつでも使える状態で頭やからだの引出しに整理され保存されていないと、学習結果が学力として機能しないのです。

保存が確かであるような学力が成立しているためには何が必要でしょうか。教材の適否、教師の指導方法の問題などがありますが、実体験、生活体験を介して獲得した学力であることは、ひとつの重要な要件となりましょう。

かつてわが国では、「壮丁《そうてい》」と称した満20歳の働き盛りの男性に対する身体検査、学力調査が大規模に行われていました。明治期中期に大阪などいくつかの府県で始まり、1925（大正14年）以降は陸軍省と文部省の連携で敗戦直前の1943（昭和18）年まで続いた戦前日本の最大の教育調査・意識調査です。国語、算数、修身（1941年からは理科も）の初等教育学習内容をもとに行われたこの全国調査結果は、当時の国民大衆の学力水準を映し出す貴重な資料です。そこで示された読み書き計算問題などの結果は、（1

／2＋1／3＝？」などをはじめとして、20％すれすれ正答率の問題が少なからずあって惨憺たる結果でした。自分の住所を漢字で正確に書けない青年も少なくありませんでした。軍や公教育はこの状態の青年たちに攻撃精神・戦闘精神の錬成を図ろうとしたのでした。

80％以上の高い正答率を示したのは、明治天皇の誕生日など天皇制に関わる項目だったことも衝撃的です。過半数の青年が農村出身だったこともあって、農耕関連など実体験にねざす項目の正答率は堅調でした。壮丁教育調査は、「保存」という観点から「学力」を見る際に今でも貴重な資料だと思っています（全資料が宣文堂書店から復刻済み）。使用された問題の項目ごと、府県ごとの分析作業を通じて、統計的手法の確立、心理学・教育学・統計学関係者間の連携などが格段に進んだといわれています（壮丁教育調査については第3章「公教育の思想に学ぶ2」でも一言ふれています）。

学力論争

「学力」への国民的関心の高まりは、第2次大戦後になると、しばしば、「学力」をめぐる論争をひきおこします。

主な論争としては、

- 第2次大戦直後数年間の生活経験学習を経ての「学力低下」「基礎学力」論争、
- 1960年代「高度経済成長」政策下の詰め込み路線の破綻を示した全国教育研究所連

盟調査結果発表（1971年6月）を契機としての授業からの「落ちこぼれ」をめぐる論争、
●授業からのドロップアウトに加えて青少年非行が激増した1970年代後半の議論、
●受験競争の激化に対する有効な改善策もないままでの「ゆとり」路線の採用・破産と前後する学力論争、
●OECD国際学習到達度調査（PISA）の受け止めをめぐって沸騰する近年の論争などなど、ざっとあげただけでもキリがありません。ここでは詳細は省きますが、史資料的には、これら学力問題に関する主要論文等の網羅と学力研究の国際動向の解明を試みた論集の刊行なども試みられるようになってきています（山内乾史・原清治編『論集・日本の学力問題』全2巻、日本図書センター、2010年）。

ただ、今後の実り豊かで生産的な議論の展開のために一、二の指摘だけはしておきましょう。

①1990年代後半、学校週5日制の完全実施と教育内容の「三割削減」の流れが固まるなかで「ゆとり」路線の見直しとも相俟《あいま》って沸騰した「学力」論議から特に顕著になったことですが、教育学や心理学の関係者による従来の論議に加えて個別諸科学の専門家・芸術家などの参入も盛んになってきました。このひろがりを、父母・保護者、教職員や市民各層も加わった文字どおり国民的な論議に発展させてゆく努力が重要でしょう。

②参加者が拡大している時だけに、もともと多義的な解釈が可能な「学力」をめぐる論争が一層散漫な論議に傾く傾向も見られます。百家争鳴《ひゃっかそうめい》状態から一歩先に進むためには、議

論の土俵や視角をある程度共有するための前提を固め確認しあう努力が重要でしょう。それを先導する役割が必要だとしたら、教育学または心理学の仕事になるのでしょうか。それとも……？

三、学力、基礎学力、学力の基礎

①認識の基本的手段としての〝基礎学力〟

学力は、確かな基礎（＝基礎学力）の上に構築されるべきことについて異論はないと思います。「基礎学力」とは、「学力の中でも、各教科等に共通して学習の持続と発展に必須の基礎をなすような特質をそなえた学力のこと」（水内「基礎学力」、前掲『教職用語辞典』）としたうえで論をすすめてみましょう。

欧米諸国では、基礎的・基本的な教育の内容であり認識の基本的手段でもある3R's（スリー・アールズ）にかかわる教育を大衆教育の中身として重視してきました。3R'sとは、reading, とwriting, およびarithmetic（またはreckoning）の各語のRを意味します。Rが付く3つによって基礎的な内容を指し示そうとしたのです。日本では、「読み・書き・そろばん」ないし「読み・書き・計算」として重要視されてきました（近年は「読み・書き・コンピュータ」としたいとの声も耳にします。これも一理はありますが、計算の法則や手続きを学ぶことの独自の意味は、依然として重要でしょう)。

学力論争などの過程においては各教科の基礎的内容の習得によって形成された諸能力までも含めて「基礎学力」を広く捉えようとする志向もありましたが、私は、3R'sないし読書算の能力、より厳密に言えば〃言語や数・量にかかわる認識の能力〃をもって「基礎学力」として差し支えないと考えています。読書算は「人類文化の宝庫を開く鍵」(矢川徳光)であり、学習のいとなみに密着して言えば「認識の基本的手段」として必須の存在でした。

認識の基本的手段としての基礎学力ということにかかわって、以前から気になっていたこと2点ほどを記してみます。

①ペスタロッチー(スイス)やモンテッソーリ(イタリア)など欧州の先達と日本の場合とでは微妙に異なっています。

日本　読み・書き・計算(そろばん)

ペスタロッチー　数・形・言語

ペスタロッチーには「形」が入っていますが、日本にはありません。フレーベル(ドイツ)の教育遊具(神から贈り物という意味をこめて「恩物」:Gabe = gift と呼ばれた)やモンテッソーリの遊具などでは、木製の三角形、菱形、楕円形をパネルの同形スペースに嵌めるあそびを目にします。平面図形や立体図形の形状や特質の認知を認識の基本的手段のひとつとして言語や数とともに重視していることに注目しておきたいと思います。

②「聞く（聴く）」および「話す」が日本の「読・書・算」では不明確です。「聞く（聴く）」に関して言えば、これは、家庭の躾《しつけ》や市民的訓練として、また学校教育活動の一環として、もっと強化されていいのではないでしょうか。入試や外国語の授業ではリスニングがあります。日本語については、その訓練は不要なのでしょうか。

騒がしい子どもたちを教師の話に集中させる時、大声で叱るだけでは限界があります。どうやって集中させるか？　話者の目とゆびがポイントになりそうです。落語家など噺家の芸が参考になります。両眼でしっかり聴き手を見据え、かざしたり指し示したりしたゆびに聴衆の意識と視線を集中させています。

日本では、大正新教育（大正自由教育）の潮流の下で子どもの「聴き方」を向上させようとした実践があります。私立成城小学校ではカリキュラム改造によって「聴方科」を新設しています（同校教師奥野庄太郎による『お噺の新研究―聴方教授の提唱―』１９２０年）。鳥取県の国語教師・生活綴方教師であった**峰地光重**（1890～1968）は『文化中心綴方新教授法』を著したりしています（１９２２年、本書は「生活指導」の語を初めて使用した文献としても知られる）。これらの遺産の今日的継承と発展が図られていいでしょう。

先に「読書算の能力」よりも「言語や数・量にかかわる認識の能力」という方が「基礎学力」論としては適切だと述べたのはこのような事情に拠ります。

②「基礎学力」の基底として「学力の基礎」を

従来から「学力」の論じ方として、「学力」―それを支え生み出す「基礎学力」、という二段構えの立論が一般的でしたが、「基礎学力」の基底にさらに「(基礎)学力の基礎」を設定して三段構えとし、「学力」―「基礎学力」―「(基礎)学力の基礎」としたらどうでしょうか。

端的に言って、「学力の基礎」(ないし「基礎学力の基礎」)は、生活の中のアソビやお手伝い(仕事・手仕事)の内部に存在する活動です。従来、「学力」も「基礎学力」も、「生活」という大枠で括られてきました。その大枠に異存はありませんが、「生活」から「基礎学力」が生まれる道筋は必ずしも鮮明にされていませんでした。前章および前々章において、あそびの発達的意義とあそびの発達過程、言語・言語能力の生まれ発達する過程などの究明努力の中で、基礎学力の中核をなす認識の基本的手段を子どもが身につけてゆくプロセスをよりきめ細かく考察する必要を痛感したことが、「(基礎)学力の基礎」を意識するに至ったゆえんです。今後の私自身の課題のひとつとしたいと思います。

第10章 あらためて考える〈学力〉とは何か？　2

―社会の中の学力―能力主義の教育と〝学力〟―

一、人間の社会的選別に機能する「学力」

〝学力〟は各人の能力の発達、さらには広くその人の人間人格全体の発達をひきだす力です。その意味では〝学力〟をめぐる諸問題は基本的には〝個人〟にまつわる事柄であります。

とはいえ、〝学力〟は社会的性格の事柄でもあります。子ども個々人や子ども世代全体に対して社会がいかなる能力・資質を求め、社会進歩の動向がいかなる内実を伴ってどんな方向をたどろうとしているか―これらを抜きにして〝学力〟は語れません。

分断して民を治める　―「学力」による分断と支配へ―

いつの世にあっても、権力を掌握した統治者は、民の力が結束することを恐れ、いかにして民を分断して統治するかということに心を砕いてきました。士農工商の厳格な身分差別、加えてこれら四民よりもさらに最下層に「穢多《えた》」や「非人」などを置いた江戸時代末までの国民支配はその典型でした。

明治維新後の「四民平等」への転換以降も差別と分断による国民支配は消滅せず、却って複雑多岐な支配構造になりました。

四民各層および別格の最下層「非人」などの仕切り・隔壁による分断が強固で固定的な時にあっては、各階級・階層内部は比較的安定していました。仕切りや枠を越えての行動を抑制しているかぎりは安泰でした。階級・階層の内部では相応の秩序が保たれ、時には停滞的でさえありました。しかし、仕切りが取り払われると、「平等」の建前の下で競争が激しくなりました。立身出世主義の風潮が競争の激化に輪をかけました。拡充途上の教育は、立身出世の最も有力な手段となりました（この点は、小川太郎『立身出世主義の教育』黎明書房、１９５７年の先駆的研究がある)。

かつての武士階級に代って登場した新たな支配者達は、立身出世競争などを通じて、経済活動の活性化をもたらすことに一応成功しました。立身出世主義はまた、義務教育学校への就学率の上昇や中等および高等教育制度の整備などとともに学歴獲得競争を刺激し、「学力」競争を不可避としました。支配の構造は、固定的な身分序列の厳守の強制による支配から「学力」の競い合いを通じて支配の円滑化を図る方向へと変化したのでした。ただ、このような変化があったとはいえ、民を結束させない、分断にして支配するという統治の基本は一貫していました。

〝すべての子どもたちに学力を〟は幻想？？？

「学力」や学歴を競わせることが国民支配の有力な手段になると、子ども達すべてが「できる子」になることは却って不都合になりかねません。一定数の「できる子」と同時に「できない子」も必要なのです。そして、両者の中間に「できる子」に近づこうとする子と「できない子」に転じてゆく子などが多数存在する必要があるのです。かくて〝学力〟は本来の積極的意味（前章）が後退し、子どもたちを振り分ける社会的選別の手段に変じてしまいます。

〝すべての子どもたちに学力を〟のスローガンに接すると、教職員など関係者の願いは痛いほどわかりますが、社会の深層にはこの願いに相反する潮流が流れています。これを自覚しないと、このスローガンは幻想に終わるでしょう。かつて、２００２年から実施の学習指導要領の基本方向を定めた教育課程審議会答申の責任者三浦朱門氏は、ジャーナリスト斉藤貴男氏のインタビューに実に率直に答えていました（『ちば・教育と文化』№61所収の拙稿）。再度引用します。

「学力低下は予測し得る不安と言うか、覚悟しながら教課審をやっとりました。いや逆に平均学力がさがらないようでは、これからの日本はどうにもならんということです。つまり、できん者はできんままで結構。戦後50年、落ちこぼれの底辺を上げることにばかり注いできた努力を、できる者を限りなく伸ばすことに振り向ける。100人に一人でいい、やがて彼らが国を引っ張っていきます。限りなくできない非才・無才には、せめて実直な精神だけを養っておいてもらえばいいんです。——斉藤貴男『機会不平等』(文藝春秋、2000年)

「できん者はできんままで結構」「限りなくできない非才・無才には、せめて実直な精神だけを養っておいてもらえばいい」と広言して憚《はばか》らない教育課程政策の下で、「すべての子どもに学力を」の実現は革命的課題とも言うべき容易ならざる難題です。

重要なことは、この課題の実現は、子どもたち一人ひとりに賢く、すこやかで高い学力を身につけることを切望するような社会的条件づくりの行動と不可分だということです。「すべての子どもに学力を」を幻想に終わらせないような父母・教職員・国民の声と行動が必須なのだ、と言うべきでしょう。

国民の教育要求が教育の充実を支える

科学・技術の飛躍的向上や国際競争力の強化を願いつつも他方では「できん者はできんままで結構」「限りなくできない非才・無才」も存在して当然とする支配者層の矛盾を孕んだ意向は、高まる国民の学力要求に圧倒されます。全ての者に完全な中等教育を求める世論、女子にも男子と同等に教育の機会確保を求める声、現代における高い大学進学要求などを例にあげるまでもなく、教育の制度的内容的充実が進むその深層には、いつの時代にあっても、国民の教育要求の高まるうねりを見てとることができます。そこには、支配者層の当面する生産力向上への思惑などを凌駕するものがあります。人間としてみずからを磨き、能力を高め、人々と自身のために存分に働けるようになりたいと願う切実な思いがそこには込められています。「すべての子どもに学力を」の意気込みと実践も、このような高まる国民の教育要求の反映でありましょう。

二、能力主義の教育と学力

能力主義とは何か

高まる国民の教育要求は、支配者層をして、人々を身分制的秩序の縛りから解放し、形式的にせよ〝自由と平等〟を与え、教育の門戸（望む教育への入り口）だけは〝均等に〟開放するように仕向けます。そのうえで、「自由」「平等」や「機会均等」の名の下に国民相互をより大規模に競わせる営みが企図されます。そして、そのような大規模競い合いの指標ないし基準として採用されたのが「能力」であり「学力」でした。かくて、能力主義を標榜した管理と教育が大手を振るうに至ります。

では、能力主義とは何でしょうか。やや長いですが、次のような定義的説明をしたことがあります。

〈能力主義 meritocracy とは〉個人の収入・地位・処遇などが、その個人の能力や業績に応じて決められるべきだとする考え方。能力主義は、歴史的にはそれなりの積極性をもつことができた。すなわち、aristocracy（貴族制）から meritocracy への転換は、出自・家柄などによってあらかじめ処遇が定まることを拒み、古い身分制的序列に疑いを投げかけて、democracy（民主制）の展開に新たな地平を切り開くことを可能にした。事実、この転換は、民衆の勤労意欲を鼓舞し、立身出世主義の風潮をつくり出し、生産力の発展に寄与した。能力主義は、現代にあっても、労務管理システムの原理としては一定の積極的意味を担いうる可能性をもつ。学歴主義や年功序列主義への批判と修正の原理としての意義がそれである。ところが、〝能力や業績に応じた処遇〟という、まさにこの自由な新しい原理が、現実にはその後、労働者・民衆を排他的な競争に動員する機能を担わされ、連帯と団結よりも相互に対立・孤立をしいる結果をもたらすこととなった。―日本教育方法学会編『現代教育方法事典』（図書文化社、２００４年）所収の大項目・水内「能力主義の教育」。pp.41 ～ 42

ここでは、aristocracy → meritocracy → democracy という流れで能力主義による民主主義への前進可能性に言及したわけですが、可能性はあくまでも可能性にすぎません。可能性を現実化する民主主義の思想と行動能力が社会の隅々にまで浸透し成熟していない状況下での能力主義の強行は、能力主義本来のメリット（merit）の発現どころか、「機会の平等」や「自由」の掛け声の下で現実には労働の長時間化や身心を削るばかりの生き残り競争などの拡大が不可避とならざるを得ませんでした。

「機会均等」「自由」と「平等」を掲げたこと自体は、歴史的意義をもつ崇高なことでした。「能力主義」の名の下にこれを最大利潤のあくなき追求の手段などに活用させないための社会の民主主義的力量が今日にでもなお重要なのだ、とあらためて痛感します。

経済政策や労務管理への能力主義原理の導入

能力主義原理が、慎重な配慮のないまま教育の世界、とりわけ子どもたちの世界に持ち込まれると、各種の問題が派生します。

国民を互いに競わせ、分断しながら政治支配や経済運営を都合よく進める―その具体的手法にはその時代なりの曲折があったとはいえ、それは、近現代にあっても一貫した国民支配の基調でした。日本の場合、この基調が「能力主義」の傾向を顕著にするに至るのは、「もはや戦後ではない」（１９５６年版『経済白書』）と広言した日本が「高度経済成長」政策の全面展開にのりだす１９６０年代以降であります。とりわけ、次の二つの文書が能力主義の展開に大きな画期をなしたかに見えます。

A首相直属の経済政策諮問機関として政府への経済政策提言の任を負った経済審議会（議長は首相）の答申「経済発展における人的能力開発の課題と対策」（1963年1月）。この文書は、経済発展のためのマンパワーポリシー（人づくり政策）の基本を定めたこと、「能力主義」という術語を最初に使用したことなどで知られています。

B日本経営者団体連盟編・発行『能力主義管理・その理論と実践』（1969年）。版を重ねて刊行され、企業の労務管理の具体的手法などを論じ、教職員管理にも活用されるようになりました。

学校の役割はハイタレント3％の選別・確保だ―教育における諸悪の有力な根源―

これら2つの文書に見られる能力主義の政策や手法は、学校と教育にも導入されました。導入にあたっては、経済発展と最大利潤の最大限追求など〈大資本の論理〉がすべてに優先しました。〈大資本の論理〉それだけだったと断定していいかもしれません。

それは、分断して統治するという〈政治の論理〉にも合致していました。

前述の文書**A**に即して言えば、答申では、高等教育において自前で新しい技術を開発できるだけの高水準の知識や技術をもった「ハイタレント」を安定的に確保して産業界に供給することの重要性を強調しています。そして、高等教育の前段階にあたる中学・高校など中等教育に対してはハイタレントの可能性を秘めた人材（「できる子」）を早期に発見・

選別し、特別な内容での教育ができるようにすべきと主張しています。中等教育全体としてみれば、前期中等教育（中学校教育）段階の選別＝（「能力」・「学力」による生徒のふるい分け）の機能強化と、「能力」「成績」に応じた処遇に基づく後期中等教育「多様化」の徹底を強硬に要求するものでした。

選別されて生き残るべきハイタレントはおよそどの程度の人数か？　その数値目標まで示していました。

●ハイタレントは「狭く考えて（同一年齢人口）の3％程度、これに準ハイタレントの層も入れて5ないし6％程度」が望ましい、というのです。

最終的に高等教育終了段階で3～5％ということは、途中での脱落も考慮して高校卒業段階で約10％、中学校卒業時点ではおよそ20％程度のハイタレント候補を選別・確保しておく必要があるという中学校管理職まで現れました。―国民教育研究所編『人間能力開発教育と子ども・教師』（労働旬報社、1969年）第一章（水内執筆）。

学校教育制度の最終出口である大学卒段階で3～5％の「できる生徒」が確保されておればいい、それ以前の高校・中学校段階の「教育」はこれら〝エリート〟の選別に機能すべきだとの政策志向とその実行こそが、その後の〝教育における諸悪の根源〟だと私は思っています。国連子どもの権利委員会からたびたび「是正」を勧告されている我国での「過度の競争教育」は、「学力」に基づくこのような選別・差別分けの施策の導入・強化の結果だと見ています。

実際にこの中学校では、期末テストや実力テストなどを通じて「診断」した「学力」（＝テストの得点）をもとに生徒をA級、B級、C級に分け、各級ごとにめざすべき「生徒像」を明らかにしています。

A級　個性的で自主的創造的な人間

B級　目標に向かって真面目に努力する実践的行動的な人間

C級　基本的なルールを守る人間、努力し根気強い人間

〝教育の論理〟からすれば、「個性的」で「自主的創造的」な「生徒像」は全生徒に求められるべきですが、ここではA級にしか求められていません。

人間像・子どもの発達像にまで格差をつける志向には、「できん者はできんままで結構」とする発想と共通するものがあります。A、B、Cの各級ごとに「教師の指導の構え」や「カリキュラム」と「学習形態」などを異にするようにされているのですが、詳細は省略します。

ただ言えることは、〝学力〟を求められているのは主として将来の経営者層に想定されたA級に対してであり、中間管理者層に想定のB級や作業層に想定されているC級には、〝学力〟は程々にして〝学力〟とは異なる資質―自然や社会への認識の形成や認識能力の獲得とは切り離されたかたちでの根性や根気の一方的な要求など―をより強く求めていることだけはたしかでしょう。

義務教育段階にある中学生に対してこのような「学力」による選り分けを行うことは果たして妥当でしょうか。経済合理主義に徹すればこのような措置もあり得るとしても、ここには、教育的合理主義の観点は全くありません。経済発展の論理にだけ縛られるのではなく、教育固有の独自の論理に立脚した合理主義の基軸が通っている必要があります。

三、若干の課題に即して

教職員に対する選別・差別でもある

能力主義は、生徒に対してのみならず、教職員管理にも適用されました。勤務評定の強行実施（１９５７・昭和32年〜58年）をひとつの画期として強化された教職員への管理統制は、前述の文書**B**（日経連『能力主義管理・その理論と実践』１９６９年）の刊行と普及前後から格段に強められました。なお、同文書は巻末に主要な「能力主義関係著書文献」の一覧１５０点ほどを掲載しており、１９６０年代の「高度経済成長」政策が能力主義の強化と一体的に推進されたことの示唆を見ることができます。

大企業における能力主義管理の手法は、教職員への管理統制の強化にも導入されました。教職員の職場＝学校は、校長（その後教頭も）などの管理職を別として、一般教員は、着任年度や勤務経験などとは関係なく、教諭という立場では新任も長期経験者も対等平等でした。教職の特殊性にもかなっていました。ところが、今日では、主任制の導入、主幹教諭や指導教諭などの新たな配置を通じてタテの序列による教職員構成の重層化が進行しています。先の日経連文書などに示された人事考課システム等を参考に教職員の人事考課制も具体化されてきています。

生徒への能力主義的対応が、実は、教職員の能力主義的再編・強化と一体不離の関係で進行したのでした。そして今、管理される者が、より弱い立場の子ども・生徒への管理を強めていないでしょうか。

競争をどう考えるか

子どもの問題に戻しましょう。能力主義は、労務管理などの一般的な原理としては考えられなくはないとしても、発達可能性がどの方面にどのように花ひらくかをあらかじめ予測することが困難な子ども・生徒にそれを適用することには無理があります。

能力主義は激しい競争を惹き起こします。互いに切磋琢磨し競い合うなかで能力が発達する事実を見ることができますから、競争の意義を全否定することはできないでしょう。しかし、子どもの世界での競争、とりわけ「学力」競争に関しては二、三の前提的確認が必要でしょう。

ゴールを共有できていること、が不可欠です

「できん者はできんままで結構」とか、3〜5％の「できる子」の確保を中学以降の公教育に期待する本音が政策内部に潜んでいる状態では、当初から「ゴールの共有」という前提が存在しにくいのではないでしょうか。都市部などでみるかぎり、中学校入学前の〝12歳選別〟に向けての競争や、3〜5％想定群に入り込むための15歳前の激しい受験学力競争の場合には、狭いゴールに向かってしのぎを削る排他的な競争が過熱しています。しかし、先のA・B・Cの学力別（学習到達度別）編成に即して言えば、3段階に分けられたあとは、激しい競争は精々A級内上層部分に限られる傾向が濃く、C級などそれ以外の層では脱落感や虚無感に支配されることも少なくないでしょう。

真理・真実に迫る競い合いをこそ

大人社会の弱肉強食の生存競争を子ども社会に持ち込んではならないでしょう。

子ども社会にとって有意味な競争があるとしたら、それは真理・真実を解き明かす競争ではないでしょうか。事物や人とのかかわりの中での感覚的把握や認識を互いに突き合わせること、他者による身体技能の展開や道具の使用などに接してコツや働きかけ方を知り合うことなどなど…ここには真理・真実に迫る競争への発展可能性が内在しています。

「個性」に応じた「多様化」―その本質は画一化だ

このように考えるとき、生徒を能力別（実は主として受験「学力」別）に編成することのマイナスを感ぜざるを得ません。高校「多様化」をはじめとして、「能力・適性」に応じた「個性化」「多様化」が能力主義教育の強化志向の下で盛んに言われてきました。今は亡き教育学者勝田守一（1908～1969）氏が、「多様化」とは、「個性化」どころか実は「画一化」に他ならない、と喝破《かっぱ》したことを想起します。―勝田「多様化と画一化」『経済評論』1968年7月号（勝田守一著作集第5巻『学校論・大学論』国土社、1972年に収録）

ハイタレント想定群から「できん者」まで多様に振り分けは進みました。これを果たして「個性化」と言っていいのでしょうか。振り分けられた細かい各層の内部は同質の画一的な団塊ばかり。どこを切っても中身は同類の似た者ばかり―「多様化」に伴うこの没個性的現象の本質を我々は、しばしば「偏差値スライス」や「金太郎アメ」と呼んでいますね。

限定的・一時的措置としての能力別編成

能力別・「学力」別（学習達成度別）編成は、いついかなる場合も実施すべきでないのでしょうか。そんなことはないと思います。通常、帰国子女学級などは別として、普通学級においても、算数・数学など特定教科でその後の学習に不可欠な内容などに関わるケースの場合は、限定的一時的措置として達成度別編成を採ることはあり得るでしょう。

小学3年生を例にとります。掛け算九九までは頑張ったが、割り算に進んだら、特に余りのある事例では、全く行き詰まってしまった子ども達に対して、この措置が考えられます。そこでは、「割る」といえばクス球割りや夏休みの西瓜割りが思い浮かぶ子などに先ず割り算における「割る」の意味を理解させながら、最終的には余りの処理方法まで含めて理解できた時点で所属原学級での学習に戻します。水道方式の計算指導で知られる遠山啓氏や数教協（数学教育協議会）のいう「わき道」や「バイパス」の必要を痛感します。ただそのためには、教員の教育活動にもっと余裕が生まれるような施策が必須です。

能力別・「学力」別編成を固定的に恒常化することに関しては、大手学習塾や予備校ならいざしらず、公教育としてはノー、と言わざるを得ません。

学力「促進学級」のあり方に関しては、ダヴィドフなど旧ソビエト時代の教授学関係者の業績研究もふまえて共同研究を行なったことがあります。―坂元忠芳・須藤敏昭・村山祐一・水内『能力差に応じる教育』の批判的検討」（季刊『国民教育』第13号）

要点として、次のような確認ができるかと思います。

○この学級の編成は数名、多くとも10名以内とする。

○その学校のその教科・分野の最も有能で全力投球できると誰もが認めるような教員を充てる。

○当該生徒たちの負担過重とならぬよう配慮し、最長3カ月を過ぎないうちにこの学級は解消する。

第11章　学校制度を考える　1

―学びたいと思った時に学びの機会が保障される制度に〝働きかつ学ぶ〟をキーワードに中学卒以降の大胆な改革を―

一、平均年齢36歳（学部生）45歳（大学院生）の大学で働く

私事より始めることを御寛容ください。２０１３（平成25）年４月、創設10年目を迎える全国唯一の通信制課程のみの４年制大学（星槎《せいさ》大学）に大学院が設置されることとなり、大学院（教育学研究科）と学部（共生科学部）の授業に専任教員として働く機会に恵まれています。２０１４年度時点での学生の平均年齢は36歳、20歳前後から80歳代までの広がりがあります。大学院生になると、平均年齢45歳です。現役学生のほかに、就学前教育から大学までの教育関係現職者、公務員、企業・法人などに働く人、退職して新たな挑戦を志向中の人などなど、在籍者は多彩な顔ぶれから成っています。通信制大学ですから学生・院生が常時キャンパスで顔を合わせているわけではありませんが、多様な通信手段なども駆使しながら、学生・院生同士、教職員とのコミュニケーションも活発に行われているユニークな大学です。

かつて、ある研究会で、教育学者の故**矢川徳光**（1900～1982）氏が勤労者通信大学講師の体験を熱く語っておられたことを覚えています。日々の労働と両立させながら学習を発展させようとしている努力が並大抵でないこと、何のために何を学ぶかという学習の目的意識が各人とも明確であることなどを強調しておられました。以来、通信制学校への関心が自分内部に醸成されてきました。

「偏差値」に基づく不本意入学などが皆無で、これまでの職歴・学習歴、入学動機などのいずれをとってもユニークかつ多彩な学生・院生と接するなかで、義務教育終了以降の学校制度・教育制度をめぐる諸課題のうち、率直に言って自分の中で確信をもって根本的な解決方向を提示し得ていなかった問題のいくつかに関して光が見えてきたように思います。たとえば、○高校・後期中等教育の「多様化」に結局のところどう対峙するのがいいのか、○高校入試、大学入試など入試制度改革○進路選択指導のあり方をどう考えるか、などの諸問題です。

これらについて、ここで直ちに詳細に立ち入ることはしませんが、ただ共通に言えることとは、6—3—3—4制を基本とした単線型の学校階梯を連続的に（途中で予備校等に滞留することがあるとはいえ）登って行くことを暗黙の前提としていることです。単線型という学校制度原則（次章で触れます）を基本とすることは当然としても、義務教育終了後の後半〈3—4〉段階の制度展開の実際は多様です。ストレートに高等教育段階まで進む者もあれば、途中で〝息切れ〟したり学び続けることの意義が見えなくなったりする者、意欲はあっても経済的な事情その他の事由で学びの継続の断念を余儀なくされる者も少なくありません。制度原則の基本は維持しつつ、青年期以降における学びのあり方の捉えなおしを進める契機を提供してくれたのが平均36歳・45歳の学生・大学院生の学習への意欲と前向きな姿勢でした。

二、〝働くこと〟を学校制度の中にどう位置づけるか

①義務教育の終了と社会的労働への参加の権利

義務教育を終えるということは、社会参加の権利の獲得を意味します。社会参加には、○社会的労働への参加○政治参加○地域などにおける市民生活への参加など三側面があるでしょう。義務教育の終了が直ちにこれら三側面への即時全面参加とはならず、18歳ないし20歳までは一定の過渡的・保護的な措置が確保されることは周知のとおりです。※

とはいえ、義務教育を終えた若者に対して社会一般は、〝一人前〟ないしその直近の存在とみて、それなりの遇し方をします。高校生の場合で言えば、私は、彼ら・彼女たちは、教えを提供される未熟な相手としてよりも、ごく近い将来に難局に向かい、共に肩を並べてスクラムを組む仲間とみなして接したいと常々思っています。

※児童福祉法は「満18歳に満たない者」を「児童」とし、「児童」を乳児・幼児・少年に分けています（第4条）。なお、少年法は、「20歳に満たない者」すべてを「少年」としており（第2条）、児童福祉法の「少年」とは一致していません。不一致にはそれなりの経緯と根拠がありますが、ここでは立ち入りを控えます。

三側面のうち、学校制度に直ちに関係してくるのは社会的労働への参加でしょう。義務教育機関の卒業は、雇用関係の締結、賃労働への参加などを可能にします。事実、高校進学率が全国平均97％を超えているとはいえ、中学校卒業と同時に就労する者がいます。定時制高校や通信制高校在籍者も多くは就労ないし求職中です。また、高校生徒数全体の19・1％にあたる青年63万人が専門高校に在籍していますが（文部科学省『学校基本調査』2013・平成25年版）、彼ら・彼女たちにとって働くことの内実と方向は、将来をどう生きるかに関わる差し迫った問題です。結論の猶予・先送り状態にあるのが普通科全日制の高校生や文系などの一部大学生かもしれません。

多少の自省の念も込めて言えば、教育学研究者の中には、無意識のうちに普通科全日制高校↓大学（↓大学院）の階梯を念頭に学校制度や教育課程を論ずる向きがあったかもしれません。中学卒就職者や専門高校在学者の学びやカリキュラムについては〝傍系〟視ではないとしても、単線型学校制度内所属ではあるとはいえ異質の系列が併存しているとみる傾向が皆無とは言えないでしょう。でも、果たしていつまでもこのような認識でいいのでしょうか。

②〝働き〝かつ〟学ぶ〟の原則に立脚する制度に

労働の渦中にある者、労働に最も近い位置にいる者の側から学校制度の在り方をとらえ直してみると、どうなるでしょうか。かつて、千葉大学の先輩・同僚だった故・城丸章夫氏（教育制度講座所属、「教育経営」「生活指導」などの科目を担当）と高校「多様化」問題などをめぐって意見交換（と言っても私はもっぱら聞き役でしたが）をする機会がありました。氏の見解と今日までの私自身のつたない思索を交えて若干記してみます。

◎専攻のイギリス経済史を中心に社会科学諸般に精通のうえで教育学に転じた城丸氏いわく「K. マルクスなどが描いていた青年期教育像は、もっと労働過程に密着したものだった。労働過程の分析（job analysis）、さらには労働を中核とした生活過程全般の分析を通じて、教育内容・教育課程として抽出すべきは何かを明らかにしようとする手法は１９２０年代アメリカのカリキュラム論などにも見られた。」とのこと。「マルクスも勉強してみよ」との示唆なのであろうが、不肖水内は怠ったまま今日に至っている。※

※アメリカのこの時期のカリキュラム改革については、阿部重孝『教育改革論』第７章「学科課程論」

（宗像・三輪編、世界教育学選集№59、明治図書）、城丸『やさしい教育学（上）』第7章「教育課程論」（あゆみ出版）、水内「カリキュラム運動の実態」（戦後日本の教育改革・第6巻『教育課程・総論』、東大出版会）ほか参照。

◎「働きながら学ぶ」ではなく、「働き、かつ、学ぶ」が重要だ。「ながら」では、「学ぶ」が「労働」に従属的・副次的位置になってしまう。労働と学習それぞれの十全な展開と両立が果たされるようにしなければならない。雇用者側にも当然両立に必要な配慮と手立てが求められねばならない。

◎義務教育段階では9年なら9年間の同一年齢集団による編成が基本とされるが、「働き、かつ、学ぶ」の原則に基づく後期中等教育以降にあっては、多様な年齢層による異年齢集団での生徒・学生の編成となる。学校制度からひとまず〝脱出〟して各方面で多彩な労働経験・社会経験を積んだ者を含む異年齢のメンバー構成により、相互刺激的な学習の成立が期待できる。高校や大学段階でもなお同一ないし近似の年齢構成から成っている今日までの中等教育・高等教育の姿は実はノーマルではないかもしれない。

◎「働き、かつ、学ぶ」を制度の根本原理とするのであれば、定時制高校、大学夜間部、通信制の高校・大学・大学院などに対しては、より手厚い充実策が採られて然《しか》るべきであろう。

三、高校義務化、高校入試制度改革をどう考えるか

①中等教育の前期と後期への分断を解消し、完全な中等教育をすべての者に

詳しくは次章で取り上げますが、第二次大戦後数年間の教育改革によって、我が国の教育制度改革は前進しました。だが、解決されるべき課題も顕在化してきています。なかでも、中等教育に問題の顕著な噴出が見られるように思われます。

6年間前後の期間をかけて青年期教育として一貫した理念とカリキュラムの下に展開されるべき中等教育（secondary education）が前期中等教育（中学校・義務制）と後期中等教育（高等学校等）に分断され、中間に「15の春を泣かせる」ことになりかねないような過酷な選抜試験が介在しているような制度は決して望ましい制度とは言えないでしょう。入試を挟むことにより、前半の中学校の教育活動が入試準備で歪められ、クラブ（部活動）は中学3年夏休み前には〝引退〟などという事態は極めて異常です。1960年代から70年代前半、高校進学率の急上昇のもと、「15の春を泣かすな！」の声が高まり、「高校全入」の運動が高揚します。

類似の問題は、経済先進国に多かれ少なかれ共通する課題でありました。あらわれ方は各国多様ですが、〝すべての者に（完全な）中等教育を！〟―〝(complete) secondary education for all〟―や、〝中等教育をすべての者に〟を合言葉に、少なからぬ国々で中等

教育制度改革が模索され、今日に至っています。

日本でも、1980年代以降、事態が動いています。臨教審（臨時教育審議会、1984～1987の設置期間に4回の答申）が「私学教育の振興」策の重要性を謳《うた》い、臨教審・中教審が「6年制中等学校」構想を提起すると、少子化時代の到来も視野に私学が中学と高校を併設して「中高一貫教育」と生徒の早期確保に動きます。1988（平成10）年には、学校教育法改正により、公立学校にも中高一貫教育をめざす「中等教育学校」の新設・制度化が行われます。

こうして中等教育の前期と後期の分断が解消の方向に向かっているかに見えますが、問題は、中等教育全体を中高一貫方向に導こうとする年次計画・予算計画も何もないことです。小学6年終了時に従来型の中学校に進む者と新しい「高校受験のない」（という）中高一貫学校とに分かれ、一貫校受験児は学校外受験産業などの力も借りつつ遅くとも4年生くらいの時期から受験準備に入りますから、「15の春を泣かせない」どころか「12の春で泣く」子も生じかねないような受験競争の低年齢化現象が生じている——これが昨今の事態かと思われます。また、受験競争全体の過熱への抑制志向が欠如したままですから、中高一貫6年間のカリキュラムを実質的には5年の超過密と猛スピードで終え、6年目を大学受験準備に充てるなど、中高一貫本来の趣旨を逸脱したような動きが目立つのも事実です。

前後期の分断のない完全な中等教育をすべての者に保障したいとの志向は文教政策責

任者の間にもありました。ほかでも引用したことがありますが（水内「臨教審以降の教育政策、教育課程政策の展開」日本教育政策学会年報第1号『転換期の教育政策を問う』八千代出版、1994）、**鳩山邦夫**（1948～2016）元文相のそれなりの正論を引いておきます。

「私はね、高校まで義務教育にすべきだと思うんだ。全部の中学、高校を6年制にしたいんだ……」、「6年制にしちゃったら、15の春は試験がない。……入試が基本的に大学一本になる。大学っていうのは、個性化を目指すのが高校よりは、かなり容易だと思うんですよ。それより上がないから」、「高校まで義務教育にしたとしても、何のマイナス面も出ない」――シリーズ「15の春、どこへ　業者テスト廃止後の高校入試」（朝日新聞千葉版、1993年11月）。「5～6年制の中等学校をつくり、15の暗い春はなくしていい、という気持ちはあるが、実施には10年以上かかります」（朝日新聞1993年4月17日）。

10年以上かかってもいい、今からでもすべての者に完全な中等教育を確保する施策に踏み切るべきではないかと考えますが、どう思いますか。

②高校教育を義務化し、高校入試も廃止する？

前後期を一貫する中等教育への道がベストな選択だとして、では、高校入試は廃止が当然ということになるのでしょうか。中学校義務教育を延伸して高校卒業まで義務化すべしということになるのでしょうか。さきの「働き、かつ、学ぶ」の原則との関係はどうなるのでしょうか。鳩山邦夫氏の描く将来像からすれば、論理の必然としても高校義務化・高校入試廃止となりますが、問題はそう簡単ではなさそうです。

義務化や入試全廃の議論は、現実には賛否両論が錯綜します。双方の言い分を簡潔に整理してみましょう。

賛成

○高校進学率が97％超にもなるのだから義務化と無償化は当然だ。

○〝入試〟というエサを鼻先にぶらさげて尻を叩いて勉強させるやり方は邪道だ。

○小学校だって6年間だ。ダレさせないようなメリハリの効いたカリキュラムの編成や行事等の適切な配置と学校・学級経営など工夫はいくらでもあり得る。

反対

●無償化は是としても、当面進学を望まない者3％にも義務を課すのは疑問。

●入試が無くなると中学生が勉強しない。

●6年間は長すぎる。中だるみで生徒がダレてしまう。

これらの意見もふまえたうえで、私を含む教育学関係者の多くは次のように考えます。

高校進学率97％超という事実は、義務化措置を考えて当然であり、遅きに失したくらいかもしれません。中学卒業後に高専（5年制）に進んでいる者も含めて後期中等教育皆学義務化がほぼ完成しているとも言える状況でしょう。しかしながら、直ちに義務化して15歳での後期中等教育への全員進入学強制を図ることでいいのでしょうか。

私のごく身近に、親の希望に沿わないで高校等に進まない少年がいました。彼の言い分は、「中学の退屈な勉強をあと3年も続けることなど嫌だ。自分はおいしい料理を作ってみんなに喜んでもらいたいから、コックになりたい」ということでした。97％超以外の者のなかには、この少年のような者もいるのです。このような少年も、高校等に必ずすすまねばならないのでしょうか。彼は、企業の社員食堂で働きながら専門学校に通い、調理師の資格を得ました。

ここで、先述の「働き、かつ、学ぶ」が活きてきます。「学ぶ」を将来にわたって持続することは「働く」こと「生きる」ことにもプラスで必須です。しかし、だからといって、義務教育終了後ただちに連続して次の学校階梯に進まねばならないとすると、制度が硬直します。

中学浪人をしたくない・させたくないとして不本意でも取りあえずどこかに入学する、入学したが不登校に、などの事態につながる可能性もあります。働くという選択肢も積極的に選べること、学びの場に容易に戻ってくることができるようなシステムが成立・機能していることが重要なのではないでしょうか。

③〝高校準義務化〟なら合意可能では？

中等教育制度改革の論議のなかでしばしば取り上げられるのは〝高校準義務化〟構想です。直ちに〝義務化〟ではありませんが、義務化した場合のメリットを活かしつつ、「働き、かつ、学ぶ」の実現可能性を追求したいものです。具体化するためには詰めた議論によって解決すべき点も少なくありませんが、骨子を私なりに要約してみます。将来に向けて合意可能な叩き台になり得ると考えます。

（1）希望者全員入学

中学浪人を出さない。高校入学を希望する者は必ずいずれかの高校に入学できるようにする。ただし、これは、言うは易《やす》く、行うは難《かた》し、です。希望者全員入学は、「高校三原則」（小学区制、男女共学制、総合制）を維持する中で、とりわけ小学区制と一体の運営で追求が目指されました。高校全入の運動の中でも様々な模索がありました。学校群制度の導入や合同選抜の試みもありました。これらから教訓を引き出しつつ、新たな模索を粘り強く行うしかありません。

（2）高校入学選抜試験は廃止

全入を志向するのであれば、論理必然の帰結として、定員を定めて選抜し定員以上は不合格にするような選抜試験は廃止ということになります。ただ、試験制度には選抜試験制のほかに資格試験制があります。先の、義務化による入試廃止では中学生が勉強しなくなるなどの懸念にも一定の配慮をすれば、選抜試験ではなく、中学校卒業資格に達したかどうかを確かめる〈資格試験化〉という道もあり得るでしょう。
（3）中等教育前半終了後の希望校への進入学保障：直ちに進入学または（労働経験などのための）一定期間後の進入学を保障すること
（4）中等教育前半終了時点での〝脱出〟の自由（&前項でいう一定期間後の復帰の保障）の承認
（5）義務化であれ準義務化であれ、中等教育はすべて無償
「準」が付くか否かに関係なく、義務教育ないしそれに準じた措置ですから、教育費はすべて無償が当然です。この点は、民主党政権への交代後に前進がありながら、自公政権への復帰後に所得制限を設けて実施などの揺り戻しも出てきています。「義務教育は、これを無償とする」（日本国憲法第26条）の原則に照らせば、「準」の有無に関係なく無償制とするのがスジでしょう。所得の多少とは無関係に一律支給したうえで、高所得者などに対しては別途、所得税など他税の徴収強化で臨むべきでしょう。以上、（1）～（5）の原則の具体化の論議と必要措置、在学と労働の両立のための関連法制の整備などをあわせ進めつつ、「働き、かつ、学ぶ」の開花を実現させたいものです。

四、大学生・大学院生の将来像

ストレートで4年制大学に現役入学を果たした学生が、大学生活前半を終えてもなお、

「自分が何に向いているのか、何をしたいのかわからない」と告白して相談に受けるケース、類似の事例にかつて出くわしたことがあります。当方も、進路選択指導問題として対応したが釈然としなかった経験があります。いま考えると、これは、進路選択以前の制度問題、制度の内実＝カリキュラム編成問題であったと思われます。労働経験や多様な社会経験をつんでから大学に来たほうがよかったのかもしれません。

日本の大学で在学者中にしめる「社会人」はわずか2％台です。先進国と言われる各国大学では「社会人」の占める割合が20％台に達していることを考えると、日本の立ち遅れは際立っています。大学院をふくむ高等教育機関での「社会人」在籍に関しては、最高のポルトガルが30％台後半、日本は3％台に低迷しています。大学・大学院を終えて就職するまでの学歴獲得は熱心ですが、ひとたび「社会人」となったら大学とは疎遠という状況を変えるべき時に来ているのではないでしょうか。その突破口のひとつを「働き、かつ、学ぶ」の原則の適用に求めてみました。

最後に、高校からの進学率を参考までに掲げておきます。大学進学率が51％になった2011年のデータです（2013年には49・9％に低下したが、これは東日本大震災や経済状況の影響か？）。――文部科学省「学校基本調査」ほか。

○大学進学率　51％　○短大進学率　5・7％　○専修学校進学率　21・9％

第12章 学校制度を考える 2

―学校制度の基本問題―

一、学校制度の戦前と戦後 ―複線型から単線型へ―

日本の学校制度は、第2次世界大戦の前と後とで大きく変わりました。敗戦（1945年8月15日）の前年（1944年）の制度概略を**図12―1**に示し、1947（昭和22）年の日本国憲法・教育基本法・学校教育法に基づいて1949（昭和24）に成立した新しい制度概略を**図12―2**戦後の学校制度（昭和25年）に示しました。**図12―3**は現在（平成28年）21世紀・今日の学校制度です。**図12―1**から**図12―2**はどこが最も変わったのでしょうか。また、**図12―3**に見られる学校制度改革の近年の動向をどう捉えたらいいでしょうか。

複線型学校制度（dual school system）

1872（明治5）年の「学制」（全273章）の発布によって急いで作り上げられた日本の近代学校制度は、1900（明治33）年に遅きに失しての無償制導入、1907（明

図12-1 戦前の学校制度（昭和19年）

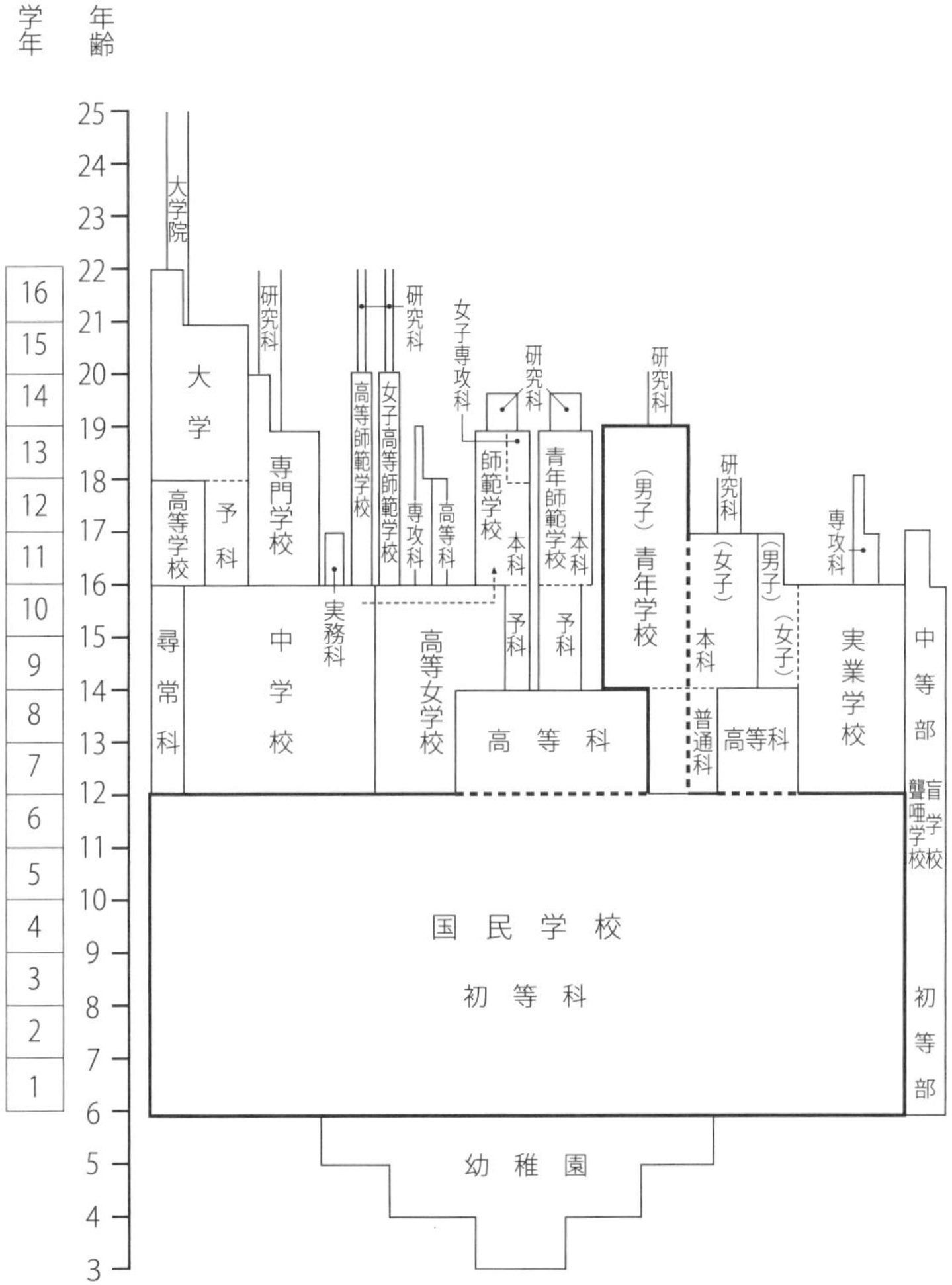

出典：http://www.kantei.go.jp/jp/singi/kyouikusaisei/dai14/siryou2.pdf

治40）年の義務教育6年制への延長、1941（昭和16）年の国民学校令（天皇の命令を意味する〝勅令《ちょくれい》〟48号）に基づく戦時教育体制の確立などを経て、敗戦直前には**図12－1**のようになっていました。

敗戦前のこの制度は複線型学校制度と呼ばれます。義務教育6年間（国民学校初等科）を終えた12歳からは、進路が複雑多岐に分かれます。事実上、保護者の経済力や学業成績などによって分かれたと思われます。

国民共通の教育は小学校を改称した国民学校初等科6年間だけで、初等科を終えると、国民学校高等科（2年間この高等科まで含めて8年間の義務教育にする構想だったが、戦況の緊迫のなかで、1944・昭和19年2月の戦時特例によって実施は見送られた）、中学校（旧制修業年限5年だったが、戦時体制下の1943・昭和18年より4年に短縮）または高等女学校（高女）、実業系諸学校ないし青年学校※など多岐な進路に分かれました。

※青年学校は、実業補習学校と青年訓練校を併合し、1935（昭和10）年に青年学校令（勅令41）に基づいて成立。農村青年など勤労青年が昼間の労働を終えて実業訓練等に励む。国家総動員体制の成立・強化につれて軍事訓練機能も濃くしてゆく。男女別学が基本。特に男子に関しては徴兵年齢まで青年を野放しにせず、つなぎとめておくという役割も負った。青年層が中等教育機関への進学者と青年学校等への進学者に分かれることとなって学校制度の複線化の

完成をみることとなる。

初等教育終了直後からの複線型学校制度への分岐は、早すぎており、かつ民主主義の原則に合致しません。

●敗戦までのこの複線型学校制度は、旧制の中学校↓旧制高校↓大学（帝国大学ほか）、という男子学生中心の普通教育の系統と実業教育関係諸学校の系統という二軸に分岐され、両系統の中間に高女、国民学校高等科、青年学校、教員養成を目的とした師範学校などが配置されるという形をとっています。かつての士・農・工・商の別による身分差別に代わって、新たに学校種別による国民の分断が登場したともいえるでしょう。

●複線型学校制度は、近代教育の民主主義原理としての教育の機会均等の原則から外れています。複線型制度のもとでは、勉学への能力や意欲はありながら、経済的事情や女子であることなどのゆえに勉学の断念を余儀なくされる事態が起こります。

●複線型学校制度のもとでは、学校種別間の横の移動は、カリキュラム（教育課程）が全く異なっていて、12歳以降に新たな関心・意欲が芽生えても、あるいは進路変更の願望が生まれても、対応が不可能です。大学までつながっている旧制中学校に進んだ者以外は、入学したら最後、そこは袋小路《ふくろこうじ》なのです。学校制度における無駄が生じかねません。

以上3点は、現代にあっても複線型の導入によるデメリットとして念頭に置かれねばな

図12-2　戦後の学校制度（昭和25年）

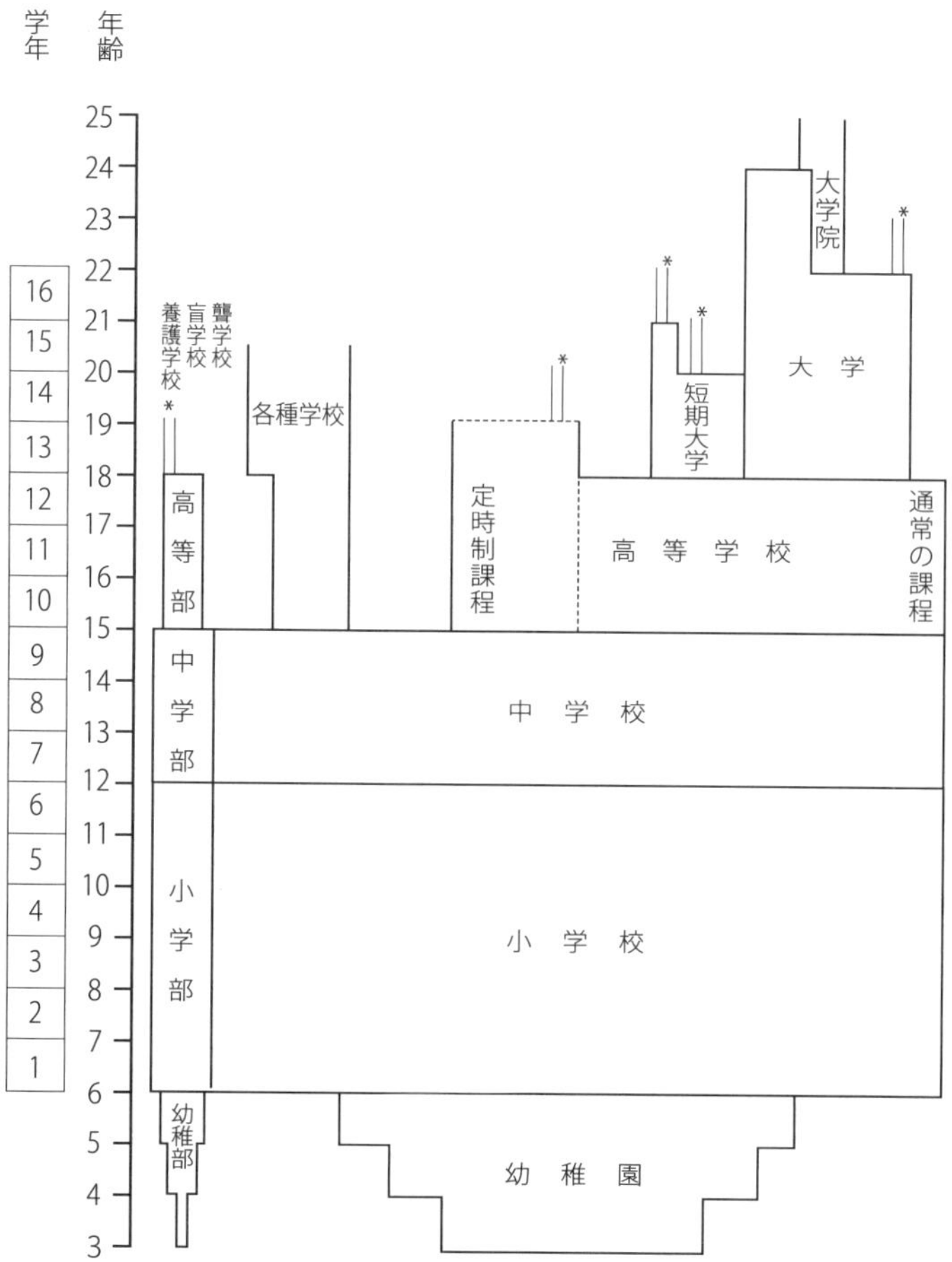

（注）＊印は専攻科を示す。

出典：図12-2 http://www.kantei.go.jp/jp/singi/kyouikusaisei/dai14/siryou2.pdf（2017年7月12日閲覧）、図12-3 http://www.kantei.go.jp/jp/singi/kyouikusaisei/dai14/siryou2.pdf を基に著者作成

図12-3 現在の学校制度（平成28年）

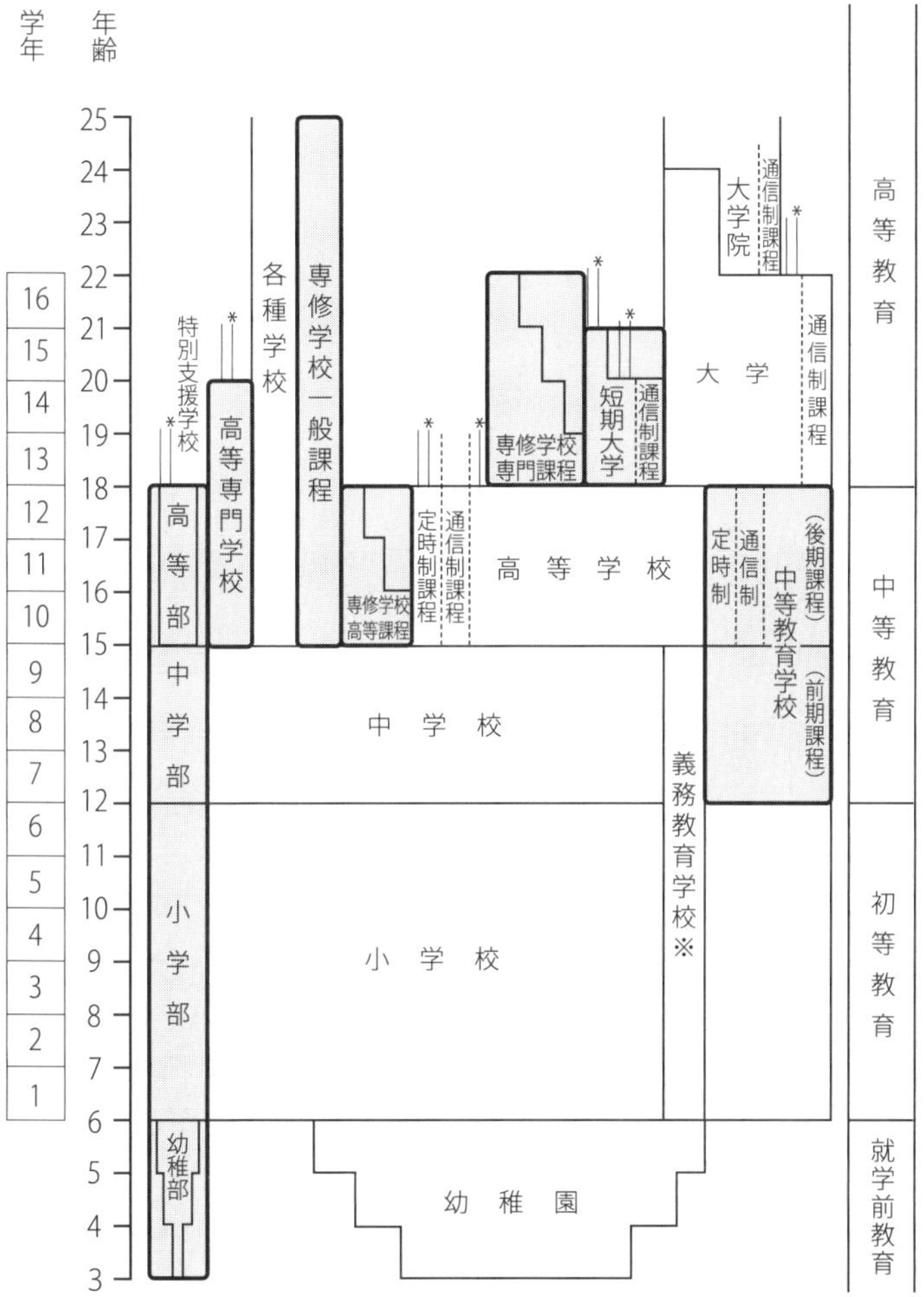

（注）（1）＊印は専攻科を示す。
（2）高等学校、中等教育学校後期課程、大学、短期大学、特別支援学校高等部には就業年限１年以上の別科を置くことができる。
※2015（平成27）年6月の学校教育法改正によって設立した小中一貫の「義務教育学校」を書き加えた。

らないでしょう。

単線型学校制度（ladder school system）への転換

第2次大戦後の教育改革では、このような学校制度をどう改革するかがひとつの焦点でした。先ず、3年間の義務制の新制中学校をスタートさせています。「小学校における教育の目標をなお充分に達成」して「中等普通教育」をすべての国民に保障することを目的（制定当初の学校教育法第35、36条）とした新制中学校は、特権階級の占有に近かった中等教育を国民全体に開放する第一歩として熱烈に歓迎されます。

単線型学校制度は、ladder（梯子《はしご》）を一段ずつ登ってゆくような制度であることから ladder school system とも呼ばれます。戦後新教育は〝個性重視〟〝地域の特性や子どもの発達への考慮〟を教育方法レベルでは強調し、教育の内容とそれを包む学校の制度においては国民として必須の教養の確保を重視して義務教育を9年に延長・拡充したとも言えます。単線型学校制度の陥りやすい欠陥は生じにくくなったと言っていいでしょう。

二、複線型への回帰傾向

20世紀最後の2000年後半、21世紀に向けての教育改革基調を固めていた当時の教育改革国民会議の審議動向について、ジャーナリスト**斎藤貴男**氏は、せめて教育へのチャンスだけは平等に、という教育制度の民主主義原則からの後退が顕著だと言います。

斎藤氏は、教育改革国民会議座長**江崎玲於奈**氏が氏独自の「優生学」論などを持ち出しての「ある種の能力の備わっていない者が、いくら（勉強）やってもねえ（無駄だよ）」との示唆、同じく国民会議有力メンバーで文部科学省教育課程審議会会長を務めた**三浦朱門**氏の「出来ん者はできんままで結構」などの発言を引きながら、今や「教育機会の不平等どころではない。人間を生まれた時から格付けし階層化しようとする時代が、すでに始まっている」と言います。そして、「階層と能力は一致する」「上層は絶対に有能で、下層は確実に無能」との断定のもとに、下層・「無能」の者の教育はほどほどにして上層・「有能」な者への教育を手厚くすべきだとする思潮が強まっていると見ます。そのうえで、このような思潮を有力な根底に「複線型教育の復活」が進行していると指摘しています（斎藤『機会不平等』文藝春秋、２０００年、第一章「『ゆとり教育』と『階層化社会』」）。私水内も、装いを変えて複線化が進んでいると見ています。

図12－３は、学校教育法にいう学校の平成28年の体系図です（義務教育学校を加えています）。いくつかの説明と補足を加えてみましょう。

複線化の端緒は中等教育から

①図12－２でみたように、第２次大戦後の新しい学校制度は、中等教育（secondary

education：前期は中学校、後期は高等学校）の終了までは単線型を基本としてスタートしました。後半の高等学校教育（全日制・定時制・通信制など）も「中学校における教育の基礎の上に、心身の発達に応じて、高等普通教育及び専門教育を施すことを目的」としていました（学校教育法）。「高等普通教育」のための普通科、「専門教育」のための工業科、農業科、商業科、家政科などが置かれますが、同じ中等教育としての共通的教養・素養が普通科や専門科の別なく重視されていました。

産業構造の変化や「高度経済成長」の到来、高校進学率の上昇などとともに、高校教育の制度的な外形は維持しつつも、学校種別・学科の「多様化」による実質「複線化」が進みます。現在では、かつての普通科・工業科など34学科どころか250を超える学科が設置されています（高等学校学習指導要領）。普通科内部も、進学コースと就職コースに分けるなど「多様化」が進み始めます（1956・昭和31年の高校学習指導要領改訂）。「多様化」策の進行とともに、共通的教養・素養は縮小されていきます。

1961（昭和36）年に高等専門学校（中学卒後5年間の工業高専および商船高専）が設置され、即戦力の「金の卵」として脚光を浴びますが、中等教育後半の学校制度はより複雑になります。

②1980年代に入って若年人口の減少傾向が明らかになるにつれ、複線化は、より明瞭な形となって具体化されます。臨時教育審議会（臨教審、会長は中曽根康弘首相、1984か

ら1987年）が、「私学教育の振興」をかかげ、その後、私学側が中学・高校の年一貫学校化の動きを開始します。学校側は、「高校受験に悩まされずに落ち着いて中学・高校生活を送ることができる」とか、「大学受験に有利――6年間で終えるところを5年で履修を終え、6年目を大学受験勉強に専念させるなど」と称して生徒を集めます。

③減りつつある若年層を私学に奪われるとして公立学校側が動き始めました。東京都が区立や都下市町村立中学校と都立高校を結びつけた一貫学校の設立を模索し始めるなど、各地に〝公立中高一貫学校〟創設の動きが出てきます。

1998（平成10）年、学校教育法改正により、「中高一貫教育」の実施と「中等教育学校」（併設型および連携型を含め3種の設置形態）が成立します。かくて、12歳・中学校入学階からの複線型学校制度が名実ともに確立するに至ります。

④第11章（学校制度を考える1）でも述べたように、高校選抜入試を挟んでの前期中等教育と後期中等教育の分断を解消して一貫した6年間（ないし5年）の中等教育を創設することは積極的な意味があります。ただ、年次計画を立てて全ての中等教育を無償・一貫化するのではなく、既存の6―3―3制学校と並立させていますから、中高一貫学校を目指す受験競争は激化し低年齢化します。現に、県立千葉高につながる中学校として新設された県立千葉中等学校の第1回入試は、定員40名に対して1800名を超える小学6年生の応募という超高倍率でした。複線型の弊害ここに極まれり、です。

このような事実上の複線化は、受験戦争の低年齢化を不可避とします。中学受験の準備に関して、「小学4年からでは遅すぎる」などの言が飛び交っています。〝15の春を泣かせない〟が中等教育改革の合言葉だったはずですが、〝12の春を泣かせかねない〟という異常事態になっています。

⑤制度とカリキュラムの両面で〝ともに学ぶ〟を重視しつつ、進路や適性に応じた分岐をどの時期に設定するかという問題があります。「文系、理系、芸術系、スポーツ系のいずれに向いているか、どの方面に行きたいか」などが分かり始めるのは、個人差もありますが、私は高校後半ころと考えています。それまでは、〝市民として、国民として、地球人として身につけるべき知識・技能・教養〟――かつては「国民的教養」と称していた――の着実な確保が重要でしょう。ただ、この点は、もっと議論した方がいいと思います。

小中一貫校＝「義務教育学校」の創設をどう見るか

2015年6月17日、改正学校教育法が成立し、小中一貫の「義務教育学校」が2016（平成28）年からスタートしました。小学6年と中学1年の教育内容に飛躍や接続の拙《まず》さがあって中学入学直後の学習を順調に開始できない、いわゆる「中1ギャップ」を解消するということが主要な理由として説明されています。6・3制を4・3・2制や5・4制に変更することも自由だと言います。改正によって、学校教育法第1条に規定する

「学校」（いわゆる「一条校」）は、現行の「学校とは、幼稚園、小学校、中学校、高等学校、中等教育学校、特別支援学校、大学及び高等専門学校とする」の8校種が9校種に変わります。**図12−3**の現行制度図に新たに「義務教育学校」を書き加えねばならないということになります。

この改正に私は、以下の理由で積極的評価を与えていませんが、読者の皆さんはどう考えますか。

なお、改正によって学校制度は、見かけ上は文字どおり小学校から複線型となりますが、中等教育に見られる能力選別の早期化・複線化とは性格を異にする面もありそうです。

初等教育としての小学校と中等教育としての中学校の統合に合理的・教育的理由を見出せません。制度内の校種接続を言うなら、第10章以来強調しているように、前期中等教育と後期中等教育の接続の円滑化こそ喫緊の課題です。

接続の不具合は、教育課程運営の問題として処理できるし、またそうすべきものだと考えます。「中1ギャップ」があるとすればそれは、基本的には制度問題ではなく、教育課程問題であり、教育経営問題として対処すべき事柄であります。制度問題に短絡させるべきではないと考えます。

国会審議でも度々指摘されたように、「中1ギャップ」は粉飾であって、小中一貫＝義務教育学校の設立は財政的理由に由来しているのではないでしょうか。学齢期人口の減少に回復傾向が見えないなかで、小学校と中学校の統廃合志向が財務サイドなどから強まっています。統廃合による義務教育学校化は経費節減につながります。校長なども二人配置ではなく一人で済みます。統合して1校にすれば、施設の維持・管理費用なども半分で済みます。ただ、生徒の通学距離・通学時間が長くなるのは避けられないでしょう。子どもたちにとって、さほどのメリットがあるとは思われません。

私事になりますが、私の中学校生活は、小学校校舎の一部を間借りしての分校暮らしでしたが、小学校高学年と低学年の交流ならまだしも、年齢の離れすぎた中学生と小学生の交流はほとんどありませんでした。降雪地帯でしたが、通学距離が多少長くなっても本校まで通って多様な仲間との交流があった方が良かったたか、と思う時があります。26人学級の中学校から2倍のクラスサイズの高校に通うようになった時、クラスに溶け込むことに苦労しました。メリットだけが喧伝され、拙速で法改正まで進んだ義務教育学校ですが、卒業後のことも含めて、もっと意見交換の機会の必要を感じます。

無償制教育の後進国、日本

「戦後教育の見直し」が教育内容から学校の外枠である制度へと広がり、並行して憲法・教育基本法体制の教育理念の強引な練り直しが進行しようとしています。学校制度に限って言えば、単線型学校制度の破壊は「法の下の平等」（日本国憲法第14条）と不可分の「教育の機会均等」という平等原則の無視につながります。

次頁に諸外国の学校制度一覧**図12－4**を参考までに掲げておきます。義務教育期間や学制の区切りなどは各国さまざまですが、義務制と並んで公教育制度のもう一つの根本原則である無償制原則の面で日本がいかに後進国であるかを痛感させられます。

【附記】

就学前教育の諸問題（幼保一元化、認定子ども園問題など）にも言及を予定していましたが、他日を期することとします。

図12-4 諸外国の学校制度①

Ⅲ 諸外国の学校制度（主に初等中等教育）①

国　名	イギリス（2013年）	ドイツ（2013年）	フランス（2013年）	オランダ（2013年）	フィンランド（2012年）
学　制	6 - 5 - 2	4 - 5/6/8/9, 6 - 4/6/7 （州や学校種により異なる）	5 - 4 - 3	8 - 4/5/6 （学校種により異なる）	6 - 3 - 3
義務教育期間	5歳から16歳 （11年間） ※2015年までに18歳まで教育又は訓練を受けることを義務化	6歳〜15歳（16歳） （9〜10年間） ※州により異なる	6歳から16歳 （10年間）	5歳〜18歳又は基礎資格取得まで （最長13年間） ※ただし、初等教育の開始は4歳から ※2007年に現在の制度に変更	7歳から16歳 （9年間）
学校教育における無償期間	5歳から18歳 （初等中等教育）	5歳（6歳）から高等教育段階まで無償 ※州により異なる	すべての教育段階で公教育は原則無償	4歳から18歳までの最長14年間	6歳から高等教育段階まで無償
職業教育を主とする学校が登場する教育段階	後期中等教育	後期中等教育	後期中等教育	前期中等教育	後期中等教育
各国の学制のイメージ は無償化部分 は義務教育部分 ※代表的な大学までの進学経路を示しており、正確な学校系統図は参考資料集を参照	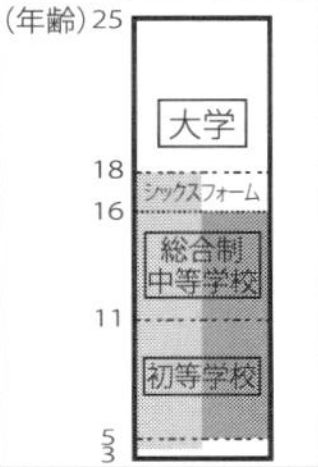	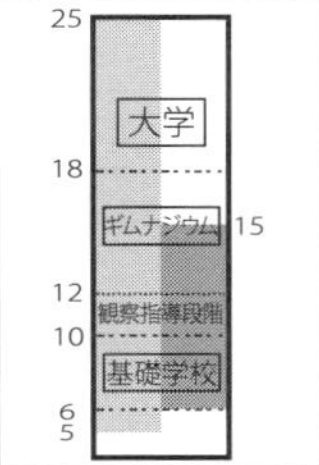	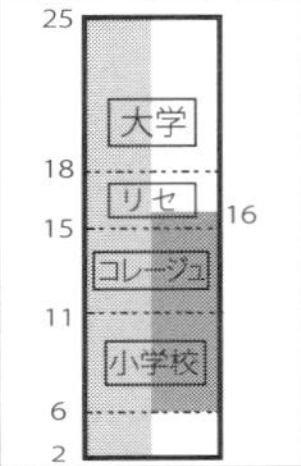	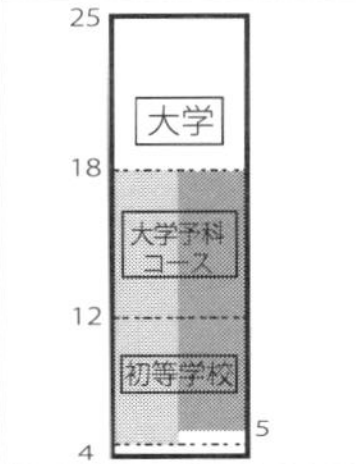	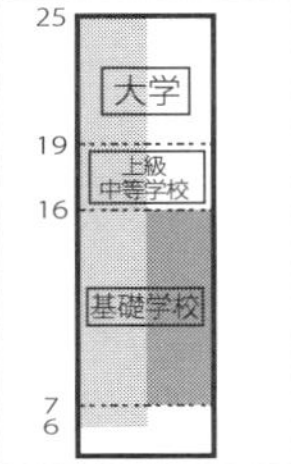

図12-4　諸外国の学校制度②

III　諸外国の学校制度（主に初等中等教育）②

国　名	アメリカ（2013 年）	ロシア（2011 年）	シンガポール（2013 年）	韓国（2013 年）	中国（2013 年）	日本
学　制	5-3-4, 4-4-4 6-3-3, 6-2-4 6-6, 8-4 等 （学区により異なる）	4 - 5 - 2 (3) （ただし、9 年制あるいは 11 年制の学校が一般的）	6 - 4 - 2 (3), 6 - 5 - 2 (3), 6 - 6	6 - 3 - 3	6 - 3 - 3 （一部地域で5-4-3）	6 - 3 - 3
義務教育期間	5～8 歳から 16～18 歳（10～13 年間） ※州により異なる ※最近20年で約3分の1の州が義務教育機関を延長	6 歳 6 ヵ月から 17 歳 6 ヵ月（11 年間）	6 歳から12 歳（6 年間） ※2003 年より初等教育を義務化	6 歳から15 歳（9 年間）	6 歳から15 歳（9 年間）	6 歳から15 歳（9 年間）
学校教育における無償期間	5 歳から18 歳（幼稚園（5 歳児）～ハイスクール）	原則 6～17 歳（基礎学校・初等中等教育学校の第 1～11 学年）	6 歳から12 歳（初等学校）	3 歳から15 歳（幼稚園～中学校） ※私立幼稚園についても段階的な無償化を導入中。高等学校の無償化についても検討中	6 歳から15 歳（小学校～初級中学）	6 歳から18 歳（小学校～高等学校） ※高等学校の無償化については見直しを検討中
職業教育を主とする学校が登場する教育段階	後期中等教育	後期中等教育	前期中等教育	後期中等教育	後期中等教育	後期中等教育

各国の学制のイメージ

は無償化部分

は義務教育部分

※代表的な大学までの進学経路を示しており、正確な学校系統図は参考資料集を参照

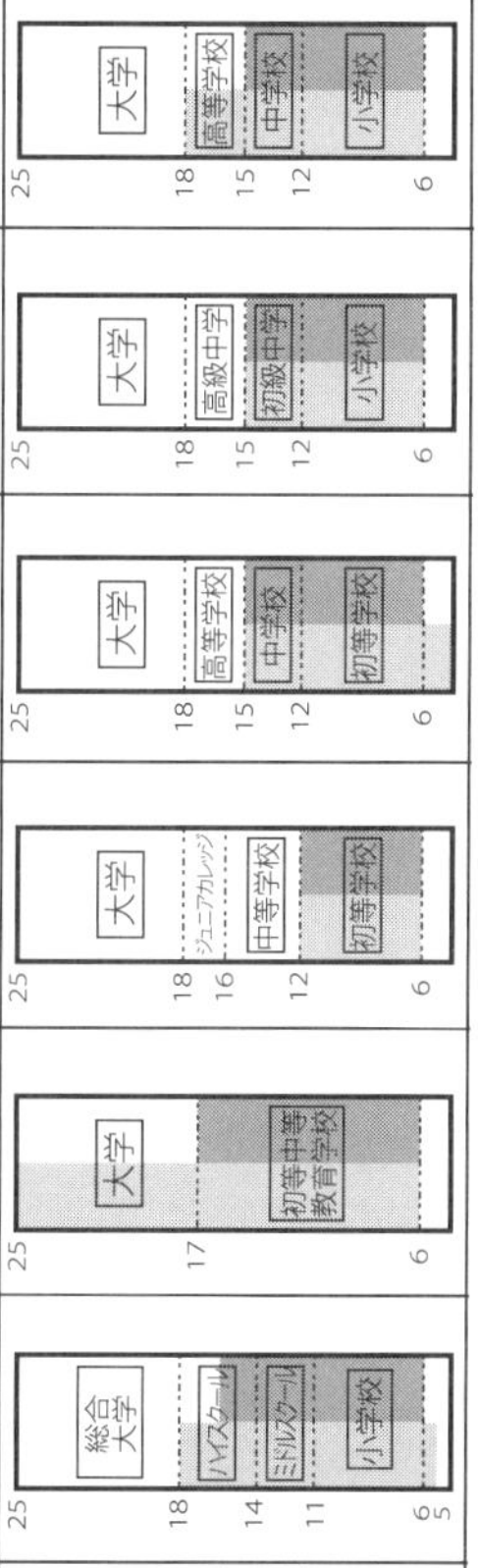

出典：図表 12- 4①②ともに http://www.kantei.go.jp/jp/singi/kyouikusaisei/dai14/siryou2.pdf（2017 年 7 月 13 日閲覧）

第13章 道徳性の発達をどう引き出すか

一、道徳、倫理、人格、モラル……

ささやかな経験を手がかりに

自分自身にまつわる出来事を通して、「道徳」とか「人格」とは何かを考えあぐねたことがあります。究極的には哲学者や心理学者に教えを乞うた方がいいかとも思いますが、先ずは自分なりに考えてみます。

事例1

1時間目の授業を前にした助教授時代の秋のこと。大学構内を歩いていると、すぐ前を工学部生か理学部生と思われる男子学生二人が会話をしながら歩いていた。背の高い学生の方が、吸っていたタバコをポイと路側《ろそく》に投げ捨てた。ポイ捨て禁止条例などはない時代だった。私との間で応酬が始まった。

水内　おい。こんなところに捨てるなよ。（大学に委託された）業者さんたちが落ち葉を集めて下さってるところじゃないか！

学生　なんだと！　お前、誰だよ。お前みたいなやつに口を出されるスジはないぜ！

水内　この大学の職員だ。注意して何が悪い！　道路に捨てちゃアカンということも分からんのか！

連れの学生　おい。まずいよ。（小声で）先生だよ、先生。

学生　……吸殻を拾って去る。顔は怒っていた。

事例2

地下鉄高田馬場駅改札口に向かって歩いていた。すぐ前を行くのは夫婦と思われる初老の男女二人。花粉の飛散期だったが、ポケットテイッシュを使用した男性、ポイと落とす。水内、「なにか大事なもの、落としましたヨーッ！」と、とっさに自分でも驚くばかりの大声が出る。「ヒエーッ！」と意味不明の奇声を発して男性が戻ってくる。私は、（いい年齢《とし》して何ですかと言いたかったが）黙ってテイッシュペーパーを指さした。男性は、気まずそうにしながら、ポケットに突っ込み、無言で去って行った。

事例2の方は、年の功（?）でしょうか、我ながら多少老獪《ろうかい》になっています。2つの事例とも、自分のとっさの言動を「道徳的行為」だなどというつもりはありません。ですが、自分なりの人格が言動に表われたかな、とは思います。目の前の事柄・事象に対して、何らかの言動をもって直ちに反応するか、見て見ぬふりをして過ぎ去るか、駅員などに事実の通報だけはしておくか、子どもの世界などでは「先生にチクる」など、行為・行動に表われる「その人らしさ」「その子らしさ」が「人格」ではないかと思っています。行為・

行動を引き起こした動因は何か、とっさの思いを行動に移して実現する能力の有無はどうかなどの問題がありそうですが、保留して先に進みます。

両事例に関わって、自分のとった行為・行動の背後に何があるのだろうか、と考えます。正義感？——ちがう。自分は普通の正義漢ですが、人並み以上に「正義」の感覚が強くて間違ったことが大嫌いというほど傑出した輩《やから》ではありません。

有るとすれば、生育過程にあるだろうと思っています。〝他人に迷惑をかけるな〟、〝他人様《ひとさま》に不愉快な思いだけはさせてはならない！〟と幼少時より厳しく言われて育ちました。いま考えると、〝迷惑をかけない、不愉快にさせない〟が私にとっては「道徳」だったのでしょう。

父方の祖父などは、家族を叱りつけている時や言い争いをしている時でも、近所からの不意の訪問があったりすると、途端に穏やかな表情に豹変してにこやかに応対していたと聞かされて育ちました。自分にとって道徳とは、まず、実生活の中で、家族間などにおいて、時間をかけて醸成されてゆくものとしての身の処し方の指針のようなものだったかもしれません。

いつも穏やかでにこやかに、という道徳とともに生きることはストレスのたまることだと気付いたのは人生の折り返し点を過ぎてからでした。だが、身に染みてしまったこの道徳だけは剥がすことは困難でしょう。

あらためて考える――そもそも「道徳」とは？

「道徳」にせよ「人格」にせよ、全面的本格的な考察はその方面の先達に任せるとして、「道徳」の意味を多少なりとも深めておきましょう。

辞典や事典の類《たぐい》は「道徳」をどう説明しているでしょうか。先ず、広辞苑をみてみました。これは比較的わかりやすい説明でした。それによると、「道徳」とは、

「ある社会で、その成員の社会に対する、あるいは成員相互間の行為の善悪を判断する基準として、一般的に承認されている規範の総体。法律のような外面的強制力を伴うものでなく、個人の内面的な原理。」

であるとされています。

平凡社版『大百科事典』の「道徳」はどうでしょうか。そこでは、「道徳」とは、

「こんにちの用法では倫理という語と根本的な相違はない。倫とは仲間を意味し、人倫といえば……人間特有の共同生活の種々のあり方を意味する。倫理とは、そういう人倫の原理を意味し、道徳もほぼ同様であるが、いずれかといえば原理そのものよりも、その体得に重点がある。すなわち、道とは人倫を成立させる道理として、倫理とほぼ同義であり、それを体得している状態が徳であるが、道徳といえば、倫理とほぼ同義的に用いられながらも、徳という意味合いを強く含意する。（吉沢伝三郎）」

と述べられています。

※「道徳」ないし「倫理」を語るにあたって、英語ではmoralityないしethics、フランス語ではmoraleないしethiqueを念頭に置いています。なお、日本では、「道徳」ではなく、フランス語に発する「モラル」を使用する人も少なくありません。フランス語で「士気」や「気力」を意味する時はmoraleを「モラール」と日本語表記することが一般的です。

2つの定義的説明から、「道徳」を考える際のポイントが見えてきます。すなわち、
①道徳とは、(法律のような)外面的強制力に拠らない、内面的な原理である。
とすると、各人の内面的原理の形成に外面的な強制力がどう関わることができるか、できないか、できるとしても限界はないのか、などの問題が浮上してきます。
②道徳は、人間の共同生活を前提としている。
道徳とは、倫(仲間)すなわち仲間との共同の生活の営みを前提とし、たとえ個人の単なる身の修め方・処し方に関わる事柄のように見えても共同生活・仲間との活動の存在を視野の外に置いては考えられません。道徳とは、仲間との生活、共同の生活のルールに関わる「内面的な原理」だと言い切ってもいいでしょう。

共同の生活、共同の活動は、外面的強制力だけでは成り立ち得ません。共同の生活を自主的自律的に切り盛りしてゆく知恵と、知恵を活かし実行に移してゆく行動能力が不可欠です。共同は、共同を営む成員相互間の自治的能力の体得と切り離しがたく結びついてい

ると言ってもいいでしょう。

倫（＝仲間）との共同の多彩な展開と道徳性の形成が一体的な関係にあるとすれば、共同を成り立たせている自治と道徳とは切っても切れない関係にあると言っていいのではないでしょうか。※

※「自治的能力」について次のように定義・説明をしたことがあります。参考までに記しておきます（水内「自治的能力」原聡介・水内ほか編『教職用語辞典』一藝社、２００８年、p.238）。

所属する集団を構成員が自主的に管理・運営する能力が自治能力である。自治能力は個人レベルでのセルフコントロールの能力にとどまらない。……（集団の）構成員同士が民主的な手続きと活発な意思疎通の努力によって合意を広げ固め合い、合意内容を構成員全体の自律的な努力において執行する能力が自治能力の要諦である。……（以下、略）…

二、道徳性の自己形成をどう促すか

道徳は自分で作る（北野 武）

道徳教育振興を強調し学校の「道徳」時間の「特別の教科」への格上げ（後述）などの

動きの下で、道徳と道徳教育論議が高まっていますが、本稿をまとめるにあたり、教育学関係者以外の論調も知りたくて文献を探索してみました。「話題沸騰！　10万部突破」の宣伝に惹かれて、北野武（ビートたけし）『新しい道徳――〝いいことをすると気持ちがいい〟のはなぜか――』（幻冬舎、２０１５年）を開いてみました。快調なテンポの展開でした。「道徳は自分で作る」と題した第四章で著者は言います。

道徳は将来の理想的な国民を育成するための道具ではないはずだ。一にも二にも、子どもの成長や発達のためのものだろう。今の道徳教育は、子どもはこうあらねばならないという型がまずあって、その型にむりやり子どもを押し込もうとしているみたいだ。それでは順序が逆だ。(p.134)

つづけて、著者独特の喩《たと》えが出てきます。

翼はこれくらいのサイズでなきゃいけないとか、骨はこのくらいの重さでとか、そういうルールがはじめからあって、それに合わせて鳥は進化したわけじゃない。鳥は進化した結果、飛べるようになったのだ。空を飛びたいなら鳥のカラダの構造を研究して、なぜ飛べるのかを知るっていうのが順序だろう。……（中略）……

ルールや法則は先にあるのではなくて、あとからくっついてくるものだ。……（中略）……規則正しく真面目な生活をなんて道徳は、社会の敷いたレールに乗っかったまま人生を終えるような人間になるためのものでしかない。

いや、そういう人生が悪いとはいわない。

でも、そういう人間ばかり作って今更どうしようっていうんだろう。（pp134～135）

この引用中、道徳性の発達にとって特に重要なのは、子どもがみずから「なぜ」を「研究」し、「知る」ことでしょう。認識行為と一体の〝みずから知る、研究する〟という過程を軽視した「道徳」の「教育」は、既成の価値観や行動規範の注入と化す危険があります。

本書は、「価値観は心の中のものだ。そこにしまっておく限り、誰にも迷惑はかけない」はずであるにもかかわらず、「道徳の教材をパラパラとめくっただけで、あっちにもこっちにもツッコミを入れたくなる」（第一章01節）として、「道徳」教材や学習指導要領への痛烈な批判が出てきます。「はじめに」のむすびが「時間のないせっかちな読者のために、最初に結論を書いておく。／結局、いいたいことはひとつなんだから。／「道徳がどうのこうのという人間は、信用しちゃいけない。」となっていることからも明快ですが、本書は名指しの批判は避けているものの、政権政党などの「道徳教育振興」の思潮と政策への批判書となっていると言えましょう。※

※北野武氏（ビートたけし）の姿勢全般については、必ずしも肯定的な受け止めだけではないことも付記しておきます。たとえば、評論家・ノンフィクション作家佐高信氏は、松元ヒロ氏との対談『安倍政権を笑い倒す』（角川新書、2015年）において、「お笑い芸人から映画監督へと軸足を移し、もはや完全に芸術家気取りのビートたけしなんかも、官邸に呼ばれてのこのこ行ってしまうわけだよね。たけしはもともと、改憲とか原発推進といった考え方をもつ人ではあったけれども、これではもう毒のある政治批判なんかできるわけがない。取り込まれちゃったって感じですよね。」と述べています（pp.64～65）。

道徳教育論議の視座を広げるために

21世紀に入って、ビートたけしの主張なども含めて、道徳の研究が新たな広がりを見せているように思われます。

諸学横断的に〝道徳の起源〟に迫る

「気鋭の進化人類学者」として進化論、動物行動学、文化人類学、考古学、霊長類のフィルドワーク、狩猟採集民族の民族誌などの知見を駆使して「なぜ人間にだけ道徳が生まれたのか？」の謎に迫ろうとしているといわれるクリストファー・ボーム（Christopher Boehm, 南カリフォルニア大学人類学・生物科学教授）に注目しました。『モラルの起源――道徳、良心、利他行動はどのように進化したのか——』（"Moral Origins: The Evolution of Virtue, Altruism, and Shame" 2012，斉藤隆央訳、白揚社、2014）と題した全485ページの著作のごく一部を引きながら「モラルの起源」を考えてみましょう。

ボームは、『種の起源』（1859年）の著者ダーウインから発して、「人間の起源」とりわけ「道徳の起源」の探究に思索を凝らします。

●「われわれの良心や道徳観念」は、「人間の身体の変化、とくに並外れて大きな脳と直立歩行の進化」や「文化を生み出す一般的な能力と同じく『自然選択された』ものである」とするダーウインの「書き留めた基本的な骨子」は、「実に慧眼」であり「今も間違っていない」。

●「道徳の起源に興味のある人々によく引き合い」に出されるダーウインの言＝「きわだった社会的本能——ここには親子の愛情も含まれる——を授かった動物ならば何であれ、その知能が人間と同じくらいか、ほとんど同じくらいに発達すれば、すぐさま道徳観念や良心を必然的に獲得するはず」は、彼なりに「ベストを尽くし」た主張だとボームは言う。

●ボームは、進化生物学の分野で、ほぼ半世紀にわたる激しい議論を伴いながら「ひとつの専門用語」となってきた「利他行動」にも論及する。「実生活では、人間は近縁や遠縁の者だけでなく、血縁関係のない人をも助ける」が、「そんな利他的な援助」をなぜ実行するのかを問い、「血縁以外への寛大さの謎」に迫ろうとする。ボームは、「利他行動」と「血縁以外への寛大さ」を「完全な同義語として用いる」としたうえで、伝統的な狩猟採集民の移動性集団の生活と文化のなかに「血縁以外への寛大さをよしとする社会的圧力」が顕著にみられるが、それは狩猟採集民に限らず、普遍的で、ヒトという種は「4万5千年前までに」そのようなライフスタイルの「遺伝子のセットを基本的に獲得していた」と主張する。――以上、「第1章　ダーウィンの内なる声」および「第3章　利他的行動とただ乗りについて」ほか参照。

このほか、飼い主に対する犬の忠誠は「道徳的」と言えるかどうかなど、興味ある言及もありますが、話を先に進めましょう。いずれにせよ、道徳に対する新たな着眼を見出すことができるかと思います。

道徳に対する脳科学からのアプローチ1

「道徳」が学際的な注目のテーマとなっていることを指摘してきましたが、急速に発展しつつある脳科学の近年の動きにも目を向けてみましょう。一例をあげます。

主たる研究テーマとして「認知神経科学からのアプローチによる意識研究と、脳科学の現実世界への応用技術の開発」をかかげる気鋭の研究者金井良太氏（前英国サセックス大学）の著作『脳に刻まれたモラルの起源――人はなぜ善を求めるのか――』（２０１３年、岩波科学ライブラリー）に注目しました。

金井氏は本書の最初で言います。

極論すれば、人間はよくわからない感情に振り回されて、無意識のうちに自分の行動を決めている。我々は、自分の行動はすべて自分の意志でいるような気分でいるが、たいていのことは、自分の意志とは離れた脳のどこかで密かに決められている。(p.1)

そのうえで氏は、「近年になって社会心理学や進化理論の観点から、人間の倫理観の研究が進み、実証科学(empirical science)としての倫理学の研究が始まりつつある」としたうえで、「実証科学としての倫理学」に「実験データを提供するのが、脳科学である」という。そして、「人間が善悪の判断をするときに、どのような心理作用をもとに脳の中で判断をしているのか、どのような脳の領域が倫理的判断に関わっているのか。そんなことが今や脳科学の成果として提供できつつある」と言い切ります。

たとえば、「個人の政治的信条がどのような心理的要因によって決まるのか」というテーマは、「不確かさの忌避傾向」や「恐怖信号への過敏性」など「人間にとって非常に根源的な感情」が関係しているといい、「これらの感情が脳のどの部位の活動と対応しているのかが明らかになりつつある」と断言しています。氏の研究グループでは、「政治的信条の個人による違いは、脳内の情動系の構造的な違いに基づくものではないか」と考え、イギリスの学生を対象とした実験結果の解析から、「脳の3つの部位が個人の政治的信条と相関していることが明らかになった」と言います。1つ目は「前部帯状回」(リベラルな被験者ほどこの部分の脳領域が大きい)、2つ目の領域は「右の扁桃体」(保守的な被験者ほどこの領域が大きい)、3つ目が「島皮質前部」(汚いもの・不衛生なことへの嫌悪を感じた時などに活動し、保守的な被験者で大きい)であるとのこと。実験の生《なま》データを確認したわけではないため、半信(半疑まではいかないが)というのが私の受け止めですが、脳科学関係者がこのような試みを続けておられることには関心を持ち続けたいと思います。(pp.37〜38)

また、「脳に倫理の基盤があるのなら、脳の一部が失われることでモラルの基盤がなくなってしまうことがあるのだろうか」と問い、「腹内側前頭前野(VMPFC)という感情と関係した脳部位に損傷があると、異常なまでに功利的に判断を行なうようになる」という脳損傷患者の症例などにも注目しました。(p.28)

このほか、「孤独感は遺伝する」という問題を取り上げ、「孤独の感じ方に遺伝子のような生物学的要因がある」ことへの言及と解析などが展開されます。(p.98)

脳科学からのアプローチ2

もう一例を出しましょう。

「恵まれない人を脳は無視できない?」と題した東京大学亀田達也氏(実験心理学)ら

のグループによる実験結果の記事を朝日新聞が紹介しています（２０１６年10月２日）。「お金分配実験……最低額に最大の関心」との小見出しの説明では、最低金額しか分配されなかった人に最大の注意が払われており、「最低金額の状況をチェックする時に脳のどの部位が反応したかを血流で調べたところ、立場を置き換えて思考する際に使われる『右側頭頂接合部《みぎそくとうとうちょうせつごうぶ》』が関係すること」が明らかになったと述べています。「人間には好むと好まざるとにかかわらず、不遇な状態に自然に反応してしまう共通の神経回路がある」かもしれないとする

恵まれない人を脳は無視できない？

東京大グループ、米科学誌に発表

人には「最も恵まれない人」の境遇に自然に関心を向けるクセがあり、それにかかわる脳部位もあることがわかったと、亀田達也・東京大教授（実験心理学）らのグループが発表した。経済格差の問題を人がどう認識しているのかにかかわる科学的知見で、米科学アカデミー紀要（電子版）に掲載された。

亀田さんらは大学生67人を対象に、見知らぬ3人にお金を分配するなどの想定で実験を実施。様々な選択肢から分配法を繰り返し選ばせ、関心と判断の傾向を探った。

例えば、3人に500円ずつ▽1人は1300円で、残る2人は600円ずつ▽2人は1600円、1人は80円だけ——などの例を提示。金額の格差が少ない分配法を選ぶのか、最低金額が低すぎないパターンを採るか、格差はあっても全体の総額が大きい配り方を選ぶのか、などを見た。

その結果、総額や平等性、最低金額のいずれを重視するかで

お金分配実験…最低額に最大の関心

最終判断は分かれたものの、どの分配法を志向する集団でも、最大の関心が払われていたのは「最低金額はいくらか」だった。特殊な方法を使って、視線や行動のパターンから、学生らが注意を向ける先と関心の持ち方の移り変わりを分析。望ましい分け方に関する意見の違いを超えて、最も恵まれない状態に最大の注意を払うことが明らかになったという。

最低金額の状況をチェックする時に脳のどの部位が反応したかを血流で調べたところ、立場を置き換えて思考する際に使われる「右側頭頂接合部」が関係することも判明した。

亀田さんは「今回の実験で、人間には好むと好まざるとにかかわらず、不遇な状態に自然に反応してしまう共通の神経回路がある可能性を示せた。米国のウォール街占拠やサンダース現象など、格差を批判する動きがなぜ世界中で起き、どういう社会を作ればいいかを考える際の基礎になるのでは」という。

（編集委員・塩倉裕）

朝日新聞 2016 年 10 月 2 日朝刊

今後の研究に注目してゆきたいと思います。

以上のようなアプローチは、これまでの教育学の道徳教育論ではあまり見かけませんが、今後は、諸科学の参入による道徳と道徳教育に関する学際的な研究の高揚が期待できそうな予感があります。今回は取り上げませんでしたが、遺伝子レベルの研究からも新たな示唆をえることができるかもしれないと期待しています。

三、「特別の教科・道徳」は教科たり得るか

さて、ここからが本論、という気分ですが、簡潔に述べます。

道徳教育をめぐる昨今の緊急性を帯びた問題は、現在の特設「道徳」時間を「特別の教科」に〝格上げ〟しようとしている文教政策サイドの動きや背後の政治的思惑をどう見てどう対応するかということでしょう。教育関係者や各界で活発に議論され危惧されているように、「教科」になるということは、検定教科書を使用し、授業を行なって、何らかの形で成績評価もつけることになります。他教科とは異なる評価方法の工夫を施すとか、進学などに際しての内申書の扱いなどに検討を加えることになっているとはいえ、それらは本質的な問題ではありません。強い反対運動や批判があったにもかかわらず、1958（昭和33）年の学習指導要領改訂――学習指導要領が教師の参考的な手引き（＝試案）から学校と教師に対する法的拘束性を附与された文書（文部省・文科省告示）に変わった――によっ

て強行成立した特設「道徳」時間のおよそ60年後の新たなる重大な変容であることに変わりはないでしょう。

道徳・モラルは子どもの自己形成に委ねられるべきこと——基本的人権としての思想・信条の自由、子どもの意見表明権・表現の自由を前提にしてこそ——

道徳・モラルは人間の内面世界に関わることです。どのような内実をもった内面世界を創りだすかは、各人の自由に属する問題です。周囲の大人や権力者などが心の内の世界に干渉し、「お前たちはこんな心の持ち主にならねばならない」などと安易に強要していいものでしょうか。大人は大人なりの考えを持つことは当然です。しかし、大人の考える「心のあり方」「これが道徳だ！」と思うところを「授業」を通じて子どもに強要し、植えつけ、根づいたかどうかを「評価」して「成績」をつけ、内申書などに記載する、こんなことが無神経に実行されていいとでしょうか。教師や大人の言動や生き様《いざま》などから学ぶことは沢山あり、子どもは、そこから子どもなりに〝価値〟をえらび取ることができますが、既成の価値観などの無神経な押しつけは避けねばならないでしょう。

重要なこととして3点ほど指摘しておきたいと思います。

①子どもにも、基本的人権としての思想・信条の自由、発達状況に応じての意見表明など表現の自由が大切にされるような気風と教育的風土の存在が重要でしょう（子どもの権利

条約第12条　子どもの意見表明権)。これらが弱いところで価値選択の自主性・道徳性の自己形成など、ありえないでしょう。

②道徳にとっては、〝教え込み〟よりも〝引き出す〟ことが重要ではないでしょうか。道徳性が時間をかけてゆっくり醸成されるのを〝待つ〟こと、それと並行して醸成を可能にする環境づくり、土壌づくりに精魂を傾けることが肝要でしょう。

ラテン語のeducare（エデュケーレ）に由来するeducationという言葉には、内に潜んでいるものを〝引き出す〟という意味合いがあります。にもかかわらず、明治初期の教育学がこれを「教育」と訳したのは〝世紀の大誤訳〟だったのではないか、と教育学者大田堯《たかし》氏が述懐しておられます（「93歳の教育研究者・大田堯の挑戦」として描かれた映画『かすかな光へ』に関わる寺脇研・大田堯対談、２０１１年より）。日本では「教育」が思想や価値観の一方的な注入を意味する「教化」（indoctrination）と同義に扱われ、天皇制国家思想の注入に機能したのは不幸でした。

内に潜むものを引き出すためには、すでに述べたような諸科学の力が不可欠です。個人内部の個人的・社会的・歴史的蓄積の解明と並行して引き出し方の方法・技術の創出が必要ですが、現段階の道徳の科学は、蓄積への注目と着手を開始したところであって、方法・技術の創出はこれからでしょう。とはいえ、「モラルの起源」に迫ろうとする努力が始まったことは大きな前進であります。

③倫理・道徳性の発達を自己形成に委ねるということは、放任を意味するのではありません。「倫」が仲間を意味する（前述）ことからも自明ですが、倫理・道徳性の自己形成には仲間の存在が絡んできます。一人一人の人間同士から成る対等・平等な仲間集団が必要です。20世紀後半（１９６０年代以降）からの生活指導実践が、対等・平等な仲間づくりの過程にこそ道徳教育があると主張してきたことは正論でした。前述の「方法・技術の創出」は、仲間集団づくりによって既に端緒が開かれていると言った方が正確かもしれません。

〝特別な教科・道徳〟の教科論としての危うさ〈なぜ「特別」なのか〉

「特別な教科」といいますが、なにゆえに「特別」なのでしょうか。その説明が十分に尽くされていません。そもそも教科とは何か、教育課程（学校のカリキュラム）内に教科が存立する根拠は何かなど、教科論の根本に関わる前提的な議論が欠けているのではないでしょうか。詳細は、連載の次回から「教育課程（カリキュラム）」を取り上げますので、そちらに譲りますが、道徳性の自己形成に関連して以下の指摘だけはしておきます。

教科の主要な役割は、

(1)言語や数・量にかかわる基礎的基本的な認識を育むこと、

(2)自然や社会に関わる科学の基本、生活科学の基本に子どもたちを接近させること、

(3)芸術的認識、身体表現と身体技能の向上を図ること、などにあると考えますが、「道徳」

は接近させるべき科学を欠いています。あえて言えば、倫理学かもしれませんが、「特別な教科・道徳」には倫理学の基礎に接近させる意向などは全くありませんし、義務教育段階でそのような接近を意図することがあったとしても早すぎるし必ずしも適切ではないでしょう。

「特別の教科・道徳」は、接近させるべき科学を欠いており、教科として教育課程内に存立する根拠を持たないという意味で「特別」の名を冠するしかなかったというべきかもしれません。

〝首位教科〟として君臨していた時代の苦い教訓

戦前のカリキュラム（正確には1881・明治14年の「小学校教則綱領」以降）および戦時下学校教育では、「修身科」は時間数も多く充当され首位の教科として位置づけられたうえで、「教育勅語」（1890・明治23年）と一体となって偏狭な「愛国心」を「涵養《かんよう》」し、子ども・生徒を侵略戦争に思想動員する機能を果たしてきました。――愛国心教育に関しては藤田昌士『学校教育と愛国心――戦前・戦後の〝愛国心〟教育の軌跡――』（学習の友社、2008年）が詳しい。

修身科以外の各教科も、時にはその教科本来の役割を逸脱して戦時道徳発揚に機能させられてきました（工作授業でわら人形を作り、竹槍《たけやり》で刺殺する練習をさせるなど、例を挙げたら切《きり》がない）。敗戦とともに、修身科は、侵略戦争に最も強く加担した教科として、ＧＨＱ（連合軍最高司令部）の指示のもと、政府・文部省は廃止を余儀なくされました。特設「道徳」時間の「特別の教科」への格上げによって、戦前・戦時下の修身科なみに「道徳」時間の首位教科化と各教科や学校行事など教科外活動（特別活動）の「道徳」教育化がもたらされることを危惧します。

四、道徳性の自己形成、その未来

特設「道徳」時間の設置と教育課程改訂の趣旨を学校現場に徹底させるための伝達講習会が混乱のなか各地で強行されている時、私は大学1年生でした。強い違和感を覚えながら文部省内藤初等中等教育局長による「特設」の趣旨説明報道などを聞いておりました。

敗戦の翌１９４６（昭和21）年入学の自分は「道徳」時間の授業が一切なかった世代ですが、「不道徳」の人間に育ったなどとは毛頭、思っていませんでした。特設の必要が分かりませんでした。学校現場での教育勅語の扱われ方を聞き、家にあった兄・姉たちの修身科国定教科書をめくってみたことがあったので、大学1年生は「なんたる時代錯誤か！」という受け止めでした。

週1時間とはいえ、「道徳」時間の授業が行われれば、子どもたちの中に何らかの痕跡は残るでしょう。必要性をいう現役の親世代の見解を知らないわけではありません。授業を義務づけられている教師の努力にも頭が下がります。とはいえ、本音と建前を使い分ける子どもの姿などを見るにつけ、この時間は要らないというのが今でも自分の本心です。

でも、道徳性・倫理感（観）が子どもたちの内部に育まれることは必要です。ただし、自己形成です。

自己形成を励まし支援するための要諦は何か？　特設を決めた１９５８（昭和33）年版学習指導要領の告示前後とさかのぼる数年以上にわたる道徳教育の論争過程で結論が出ていると思っています。ポイントは、以下の３点でしょう。

①道徳性は、全教育活動のなかで、全教育活動の結果として培われる。定められた時間の特設は、道徳性の形成になじまないばかりか、学校における戦時下道徳の〝錬成《れんせい》〟の役割を負った修身科の再来・復活となる危険が大きい。

②全教育活動を通じて形成されるが、各教科を道徳教育化することはしない。教科の道徳化は、それぞれの教科の固有の本質を歪めてしまう危険がある。

③各教科内外での子どもたちの自主的・自治的集団活動の旺盛な展開こそが、道徳性の形成に必須の王道である。

以上の３点は、「道徳」の「特別な教科」への格上げに対抗する論理として今日でも有効だと考えます。

なお、特設に固執する政策側の論理は今日でも「補充・深化・統合」論に尽きるといっていいでしょう。

すなわち、

◎道徳性が全教育活動の中で養成されることは認めるが、各教科や活動には固有の目的があり、限定された範囲内での養成とならざるを得ないため、補充し深める場が必要である。

◎各教科等様々な場面で育まれる道徳を統合する場として特設が欠かせない、ということのようです。テレビ視聴で済ませたりせざるをえなかったりすることもある「道徳」時間が「補充・深化・統合」となりえているかどうかの判断は読者の皆さんにお任せします。

日本には、クラス内や校内で生じている生活上の問題を「自治会」が取り上げ、学級の討論などに附す「生活修身」の取組みが大正新教育時代の奈良女子高等師範学校（現奈良女子大）の附属小（木下竹次主事）で展開されています。また、ほぼ同時期に「自由教育」の名で生徒自治の実践を全国に披瀝し、校長による任命だった級長を5年生以上では子どもたちによる選挙にゆだねた千葉師範学校（現千葉大学教育学部）の附属小（手塚岸衛《てづかきしえ》主事）の大正自由教育の取組みなどがあります。これらの歴史的遺産も取り上げたかったのですが、別の機会に譲ります。

【追記】

①本章「道徳性の発達をどう引き出すか」にかかわって、キーワードを挙げてみたいと思います。

本来なら章の冒頭で示すべきことであることを承知の上であえて掲げます。

◎倫（なかま）　◎脳科学と道徳性　◎時間をかけての醸成　◎自主的・自治的活動

②本稿の脱稿前後から、国会でも紛糾した〝森友学園〟（大阪）の問題に端を発して幼稚園児に教育勅語を口誦《こうしょう》させる事例まであらわれてきました。そして「日本国憲法・教育基本法の基調」から逸脱しないかぎりにおいて、教育勅語を「道徳」授業で取り上げることも可とするような動きが〝森友〟問題の〝副産物〟として具体化し始めています。「道徳」問題は、本書の続刊『続・教育学のすすめ』（仮称）でもあらためて掘り下げる予定です。

※本書は季刊『ちば・教育と文化』1991年および2007〜2015年に掲載された連載に大幅加筆修正を加えたものである。

著者紹介

水内　宏

MIZUUCHI　Hiroshi

新潟県生まれ。東京大学教育学部学校教育学科卒。同大学院修士及び博士課程を経て1968年都留文科大学専任講師。72年より千葉大学へ。千葉大学教授、同教育学部長・大学院教育学研究科長等。96年より東京学芸大学教授に併任（連合大学院博士課程担当）。聖母大学教授を経て2013年より星槎大学教授（大学院教育学研究科・共生科学部）、現在に至る。2017年より教育学研究科長。千葉大学名誉教授。この間、千葉県教育文化研究センター所員、『ちば・教育と文化』編集長等。

専門は教育学（特に教育課程論、学校改革論など）。著書に『教育課程・総論』（東大出版会、1971年刊、2014年復刻重版、稲垣・肥田野編、共著）、『澤柳政太郎全集』（第8巻『世界の中の日本の教育』及び第4巻『初等教育の改造』等の編集・解説、国土社、1976年）、『学校づくりと教育課程』（青木書店、1989年）、『スポーツ部活はいま』（編著、同1991年）、「教育課程改革の課題と方向」（日本教育政策学会年報第14号『教育の目標・成果管理』八月書館、2007年）ほか。

メールアドレス mizuuchi337@yahoo.co.jp

装丁+図表――パレットハウス・はら　としこ

教育学《きょういくがく》のすすめ

2017年9月20日　　初版第1刷発行

著　者　　水内　宏
発行者　　菊池　公男

発行所　　株式会社 一　藝　社
〒160-0014 東京都新宿区内藤町1－6
TEL 03-5312-8890
FAX 03-5312-8895
振替　東京 00180-5-350802
E-mail : info@ichigeisha.co.jp
HP : http://www.ichigeisha.co.jp

印刷・製本　　シナノ書籍印刷株式会社

ISBN 978-4-86359-129-5 C3037